AF215539

Mein Weg

mit

Meister Michael

Bibliografische Information der Deutschen
Nationalbibliothek:
Die Deutsche Bibliothek verzeichnet diese Publikation in der
Deutschen Nationalbibliografie; detaillierte bibliografische Daten
sind im Internet über http://dnb.d-nb.de/ abrufbar.

© 2017 Martina Maier
Fotos: Susanne Schabel
Herstellung und Verlag:
BoD – Books on Demand, Norderstedt

ISBN: 978-3-7448-5451-1

„Ein wahrer Lehrer ist der Stellvertreter der
göttlichen Gesetze in der Vermittlung von Weisheit"

**Kurt Walchensteiner in Verbindung mit Hosun,
einem Genius der Erdgürtelzone**

Botschaften und Weisheiten
von geistigen Wesenheiten der kosmischen Hierarchie

Inhalt

Meine Geschichte

Mein Name ist Martina Maier und heute mit meinen vierzig Jahren blicke ich auf ein Leben, welches ich mir in seiner täglichen Ausgestaltung großartiger wohl kaum hätte wünschen können.

Ich bin umgeben von Menschen, die mich ebenso aufrichtig lieben wie ich sie, beschäftige mich mit Themen, die mich zutiefst faszinieren, und erfreue mich hervorragender Gesundheit. Ich bin finanziell unabhängig, trage keine ernstzunehmenden Lasten vergangener Fehler mit mir herum und erfreue mich der Tatsache, bisher weder Krieg noch Hunger erlebt zu haben.

Doch wer nun glaubt, dieses aus tiefstem Herzen empfundene Glück läge einzig an einer privilegierten Geburt, einem gut bezahlten Job oder gar der Milde eines wohlgesonnenen Schicksals, der könnte mehr nicht irren.

Jeden Moment dieses Glücks – und wirkt er auch noch so klein und unbedeutend – verdanke ich allein den unter der Anleitung meines Lehrers vollzogenen Anstrengungen und Geschenken eines Weges geistiger Entwicklung, der in seiner Einzigartigkeit mit Worten kaum zu beschreiben ist.

Wo andere in ihrer Freizeit in den Urlaub fahren oder sich mit ihren Hobbies beschäftigen, reise ich an Orte jenseits der Welt, an denen die Gesetze der Schöpfung ihren Ursprung haben; wo andere gerne einmal über die Stränge schlagen, sitze ich – den Blick zumeist nach innen gewandt – übend oder meditierend in meiner Wohnung und suche nach Vollendung; wo andere in ihrem Alltag nur Materie sehen, sehe ich vor allem Geist.

Und so normal dieser faszinierende Alltag für mich inzwischen auch ist, so ungewöhnlich und fremd ist er für andere. Geschichten gehörter Befürchtungen und Ängste wohlmeinender Ratschläge geben sich dann die Klinke in die Hand und rufen auf zu jenem Feldzug vermeintlichen Einblicks, dem ich nun die Wahrhaftigkeit meines Weges entgegensetzen möchte.

Mein Name ist Martina Maier.

Und dies ist meine Geschichte.

Das Ende der Fahnenstange

Die Realität meiner Kindheit und Jugend kann man wohl am besten so beschreiben, dass ich zwar das große Glück hatte, in eine Familie hineingeboren zu werden, der es finanziell und in Bezug auf Bildung sehr gut ging, ich mich allerdings in diesem auf Konformität und Wahrung des öffentlichen Rufs bedachten Umfeld stets unwohl fühlte.

Hin- und hergerissen zwischen dem aufrichtigen Bestreben, es in meiner kindlichen Liebe meinem Umfeld recht zu machen, und der in meinem Inneren unauslöschlichen Suche nach wirklichem Sinn, gestalteten sich die ersten Jahrzehnte meines Lebens nicht gerade so, wie ich es mir gewünscht hätte.

Hinzu kam, dass ich mich nicht nur bezüglich meiner generellen Lebensvorstellung deutlich von meinem Umfeld zu unterscheiden schien, sondern damit einhergehend auch ernstzunehmende Schwierigkeiten hatte, mich vollständig in dieses zu integrieren.

Erste Versuche, mich dem Diktat der wohltemperierten Unauffälligkeit unterzuordnen, scheiterten kläglich, und so wählte ich nach dem misslungenen Versuch gewissensbedenklicher Rücksichtslosigkeit den inneren Rückzug, der mir im Vergleich sozialverträglicher erschien. Innerlich jedoch blieb ich Rebell, stets hinterfragend, was andere versuchten, mir als Wahrheit zu verkaufen, und begehrte in mehr oder weniger regelmäßigen Abständen gegen all die mich umgebenden Konventionen auf. Dies brachte mir zwar immer wieder Ärger ein, doch lange Jahre gelang es mir so zumindest kurzzeitig, jenen unstillbaren Wunsch nach Erfüllung zum Schweigen zu bringen.

Die Jahre vergingen und ich kletterte – lediglich unterbrochen von kurzen Platzregen sozialer Unverträglichkeit – langsam, aber sicher die Gesellschaftsleiter wie für mich vorgesehen hinauf.

Alles hätte so schön sein können, wäre da nicht dieser unstillbare Hunger nach einem wirklichen Sinn gewesen und einem Leben, das mich jenseits ausgetretener Pfade von dieser vorhersagbaren Gleichförmigkeit befreite.

Doch die Zeit war noch nicht reif und so fühlte ich mich verpflichtet, mich auch weiterhin zumindest oberflächlich an die Gegebenheiten meines Umfeldes anzupassen.

Meine Wahrheit war jedoch eine andere!

Denn statt wirklicher Erfüllung durchdrang mich nach jeder dieser Anpassungen erneut jene seit Kindertagen empfundene Aussichtslosigkeit unendlich wirkender Tristesse, deren konstruierte, einzig von schicksalsbedingten Einschnitten durchbrochene Stumpfsinnigkeit mir schon damals unerträglich erschien.

Und dabei war das große Problem noch nicht einmal die nicht zu mir passen wollende Welt materieller Eindimensionalität, in der allein der gesellschaftliche Status zu zählen schien, sondern vor allem die über all die Jahre in meinem Inneren gewachsene Erkenntnis, in meinem Streben nach Erfüllung durch diese mir von anderen auferlegten Vorgaben stets am Ziel meiner Wünsche vorbeizuschießen.

In meinem Versuch, diesem inneren Dilemma ein Ventil zu verschaffen, projizierte ich dieses allgegenwärtige Unwohlsein mit mir und meinem Leben der Einfachheit halber auf meinen Körper, dem ich zunehmend mit Abwehr begegnete.

Die sich daraufhin einstellende Essstörung beeinträchtigte mein Leben nachhaltig und wurde über fast ein Jahrzehnt zum stillen Beobachter meines Kampfes mit mir selbst.

Gewinnen konnte ich diesen Kampf zum damaligen Moment jedoch noch nicht, und so verstand ich irgendwann, dass es an der Zeit war, nach anderen Lösungen zu suchen.

Ich brauchte Hilfe und wies mich deshalb kurzerhand selbst in eine Klinik ein.

Doch bis es soweit war, führte mich mein Weg erst einmal in die Ferne und ich trat jene lange geplante Reise nach Afrika an, die – ohne dass ich es geahnt hätte – meinem Leben eine wunderbare Wendung gab.

Entscheidung in der Wüste

Um die Tragweite dessen erkennen zu können, was mir dann an einem schönen Donnerstagvormittag in der Wüste Namibias widerfuhr, muss man verstehen, in welcher Gemütsverfassung ich mich befand.

Ich war erschöpft von dem dauernden Kampf um Ansehen, überfordert von der Verzweiflung, die mich in meinem Inneren umgab, sowie zerrissen zwischen dem Versuch einerseits, nicht vollständig unterzugehen, und der Versuchung andererseits, um des lieben Friedens willen einfach aufzugeben.

Also ging es mir nicht besonders gut, als ich in einer Pause etwas abseits stehend mich plötzlich zu fragen begann, warum es mich überhaupt gab.

Was half es mir, zumindest im Groben zu wissen, wohin ich wollte, wenn ich mich dann doch immer wieder nur nach den anderen richtete?

Ich merkte, dass ich genug hatte.

Genug davon, mich anzupassen und dabei doch immer irgendwie zu scheitern, genug davon, es anderen auf meine Kosten recht machen zu wollen, und noch viel mehr als genug davon, mich letztendlich dann doch wieder nur auf das zu beschränken, was andere für erstrebenswert hielten.

Es war Zeit, eigene Wege zu gehen.

Und plötzlich wusste ich, was zu tun war.

Ich musste *mein* Leben wählen anstatt einfach nur *ein* Leben!

Und zum ersten Mal, seit ich denke konnte, fühlte ich mich frei.

Der etwas andere Weg zum Glück

Nach diesem Urlaub kehrte ich gerne nach Deutschland zurück und sah von da ab meinem Aufenthalt in der Klinik noch zuversichtlicher entgegen als zuvor.

Als der Tag der Einweisung dann endlich gekommen war, machte ich mich voller Enthusiasmus in Richtung Süden auf und war gespannt, welche Möglichkeiten der Meisterung sich mir in den folgenden Wochen bieten würden. Einmal in der Klinik angekommen stellte ich überrascht fest, welch besonderer Ort eine Einrichtung wie diese war, denn einem Mikrokosmos gleich galten dort ganz eigene Gesetze, ja es existierte sogar eine gewisse Form hierarchischer Ordnung.

Banalitäten des normalen Alltags schwangen sich in dieser abgeschiedenen Atmosphäre zu wahren Dramen auf und wirkliche Tragödien gehörten mit einer ebenso großen Selbstverständlichkeit zur tagtäglichen Routine wie der Gang zur Medikamentenausgabe, dem ich mich konsequent verweigerte.

In den folgenden Wochen durchlief ich also eine Vielzahl von Therapien und analysierte mein Leben. Ich lernte über mich und meine Probleme zu sprechen und endlich wieder normal zu essen.

Doch so sehr ich mich in meinen Anstrengungen auch bemühte, von wirklichem Sinn und einem Leben in Erfüllung vernahm ich in all diesen Stunden der Beschäftigung mit mir selbst wenig. Selbst mein Versuch, durch konkretes Ansprechen tiefergehende Weisheiten für mich zutage zu fördern, scheiterte kläglich.

Es dauerte nicht lange, bis ich verstand, dass ich hier auch nicht weiterkam und es in einer Klinik wie dieser leider wenig Konstruktives für ein Leben in der von mir angestrebten Individualität zu finden gab.

Also trennten sich unsere Wege und ich machte mich auf, mein Glück woanders zu suchen.

Erlebnis am anderen Ende der Welt

Meine Suche nach Erfüllung führte mich – wie bereits in der Klinik geplant – erst einmal zurück nach Afrika. Denn inspiriert durch jene wunderbare Erfahrung in der Wüste, hatte ich es mir in meiner Suche nach Sinn nun zum Ziel gesetzt, die nächsten beiden Semester meines Hauptstudiums irgendwo dort zu absolvieren.

Einem Zufall war es geschuldet, dass meine Wahl auf Kapstadt fiel.

Also organisierte ich mir ein speziell dafür ausgelobtes Stipendium, vermietete meine Wohnung in Regensburg, packte meine Koffer und war kurze Zeit später weg.

Die Realität meiner Entscheidung holte mich ein, als ich mich in einem winzigen Zimmer unmittelbar neben Bahngleisen sitzend wiederfand. Weder die meterhohen Mauern noch der darauf drapierte Stacheldraht konnten ein Gefühl der Sicherheit in mir wachrufen und auch die gelblich-blauen Kalkablagerungen im Bad erleichterten mir das Einleben nicht sonderlich.

Hinzu kam, dass sich mancher Professor trotz meines Stipendiums und einiger Gespräche hartnäckig weigerte, mich zu den von mir angemeldeten Kursen zuzulassen. Auch tat ich mich vor allem anfangs schwer, mich in diesem neuen und noch ungewohnten Umfeld zurechtzufinden, und musste mich bei all dem Herumgerenne auch noch mit einem äußerst schmerzhaften Sonnenbrand herumschlagen, den ich mir in Unterschätzung der Kraft der afrikanischen Sonne bei einem meiner Ausflüge aus Unachtsamkeit zugezogen hatte.

Am anderen Ende der Welt und allein auf mich gestellt begann ich mich zu fragen, ob ich es in meinem Streben nach Befreiung nicht doch etwas übertrieben hatte.

Ernsthafte Zweifel bemächtigten sich meiner.

Doch gerade, als diese es sich in meinem Inneren gemütlich machen wollten, meldete sich erneut mein Wille zu Wort und überschwemmte mein Bewusstsein mit Erinnerungen an meine Zeit in der Wüste.

Aufgeben war keine Option für mich!

Und so beschloss ich, mich nicht unterkriegen zu lassen, und trat die Flucht nach vorne an.

Als Ersatz für meinen Mietwagen kaufte ich mir ein schickes und vor allem auch schnelles Auto, mietete ein Penthouse mit Blick auf den Tafelberg und erwirkte für das kommende Semester einen Wechsel an die benachbarte Universität von Stellenbosch. Ich organisierte mir mit dem Tauchen ein Hobby, das mich erfüllte, verbrachte meine Freizeit mit Gleichgesinnten und baute mir so innerhalb kürzester Zeit einen für meine Verhältnisse recht stattlichen Freundeskreis auf, in dem ich mich überaus wohl und geborgen fühlte.

Damit nun vollständig in den Alltag der Menschen vor Ort integriert und ausgestattet mit den richtigen Kursen für meinen Studienabschluss zu Hause, war für mich der Knoten geplatzt, und die sich daran anschließenden Monate wurden die glücklichsten meines Lebens.

Mein Vorankommen in der Karriere – bis dahin der Hauptgrund meines Aufenthalts – rückte dabei immer häufiger in den Hintergrund und mit Begeisterung und großem Engagement widmete ich mich dem Reisen und Tauchen.

Der Blick nach innen

Doch so heilsam diese vielen herausragenden Tage in Afrika auch waren, irgendwann kam der Moment, an dem ich wusste, dass es Zeit war, weiterzuziehen.

Zwar liebte ich diesen Kontinent mit all dem wunderbar Menschlichen und genial Improvisierten, mit dieser einzigartigen Natur und seiner unvergleichlichen Ursprünglichkeit – doch leider gehörte ich nicht hierher.

Ich wusste, dass ich zurück nach Hause musste, zurück zu meinem eigentlichen Leben, in dem es nun meine Aufgabe wurde, dieses unfassbare Gefühl durchdringenden Glücklichseins erneut für mich zu verwirklichen.

Ohne große Wehmut und mit dem festen Vorsatz, irgendwann noch einmal zurückzukehren, packte ich nach diesem Jahr erneut meine Koffer und machte mich auf den Heimweg.

Meine Ankunft in Deutschland geriet etwas holprig, denn inzwischen an afrikanische Langsamkeit gewöhnt stellten mich bereits die auf Effizienz getrimmten Abläufe eines europäischen Flughafens vor ungeahnte Herausforderungen.

Doch ich blieb fest in meinem Vorsatz, frohen Mutes zu sein, und ließ mir nichts anmerken.

In der Hoffnung, jenes in Afrika gefundene Glück auch weiterhin für mich aufrechterhalten zu können, startete ich motiviert in meinen Alltag. Unter Anrechnung der von mir in Afrika erbrachten Leistungen machte ich mich nun daran, mein Studium möglichst unkompliziert abzuschließen und bemühte mich bei der Abschlussarbeit sehr.

Aufrichtig überzeugt, mit meinem Start in den Job meinem Leben nun wirklich einen Sinn geben zu können, entschied ich mich für den Beruf der Unternehmensberaterin, glaubte ich so doch, im

Wirtschaften unserer Zeit einen Unterschied machen zu können.

Also bewarb ich mich in diesem vermeintlich auf Entwicklung ausgerichteten Bereich unserer Wirtschaft und freute mich sehr, als dies erfreulicherweise recht schnell Erfolge zeitigte.

Doch das große Glück, das ich dort für mich vermutet hatte, blieb aus, ja es schien dort sogar nicht einmal im Ansatz zu existieren.

Und so wurde das, was in meiner Vorstellung eines Strebens nach Sinn einst so schön begonnen hatte, zu einem Albtraum kapitalistischer Hartherzigkeit sowie moralischer Verwerflichkeit.

Für mich brach eine Welt zusammen!

Denn alles, was ich bisher als Ziel meiner Entwicklung betrachtet hatte, zerfiel unter meinen Augen zu Staub. Zum ersten Mal in meinem Leben verstand ich, dass es keinen Sinn machte, sich im Außen zu verwirklichen. Denn dies führte zu nichts.

Ich musste tiefer blicken, in mein Inneres sehen.

Und genau dies hatte ich vor nun zu tun.

Mein neuer Anfang

Meine Suche nach Verwirklichung führte mich also erneut auf Wanderschaft und dabei stieß ich (wenig überraschend) auf jene Welt der Glaubens- und Religionssysteme, die diesen anderen Blick auf sich selbst und somit auch auf die Welt seit jeher für sich reserviert zu haben schienen.

Um in diesem Dschungel aus Angeboten nicht von Anfang an den Überblick zu verlieren oder gar bei meiner Suche in Ecken gedrängt zu werden, aus denen ich mich nur schwerlich wieder würde befreien können, konzentrierte ich mich deshalb auf die eher konservative Sparte dieses überaus reichen Betätigungsfeldes.

In meinem Bemühen wie immer zielstrebig, zeitigten meine Anstrengungen auch bald schon erste Erfolge und ich wurde auf Vipassana aufmerksam, einer bis heute unverfälscht erhaltenen Meditationsmethode buddhistischen Ursprungs, die frei von religiösem Dogma in einem Zentrum auch hier in Deutschland gelehrt werden sollte – und das zudem kostenlos.

Froh, damit einen einfachen Einstieg in mein Vorhaben gefunden zu haben, meldete ich mich bereits kurze Zeit später zu einem der dort angebotenen 10-Tages-Kurse an und machte mich auf den Weg nach Thüringen.

Kaum war ich im Zentrum angekommen und hatte mein Auto geparkt, teilte man mich relativ unkompliziert einem Mehrbettzimmer zu.

Handys, Bücher, Schreibzeug oder Laptops — kurz jede Form der Ablenkung — waren untersagt und wurden freundlich, aber bestimmt einkassiert.

Am selben Abend noch ging es los und ich bekam — ausgestattet mit gemütlicher Kleidung, Kissen und Decken — einen Platz in der Meditationshalle zugewiesen.

Diese war in ihrer Ausstattung angenehm hell und mit blauen, einen Quadratmeter großen Kissen ausgelegt. Die Kissen selbst boten dabei nur wenig Freiraum, denn zwischen ihnen war gerade genug Platz, um einen Fuß vor den anderen setzend durch die Reihen gehen zu können.

Wie ein Gartenzwerg in seiner Schachtel saß ich also mit all den anderen voller Vorfreude auf meinem Platz und wartete auf die Einweisung: Aufstehen um 4:30 Uhr, jeden Tag zehn Stunden meditieren, ausschließlich vegetarisches Essen, ein den Tag abschließender Vortrag am Abend, Schweigen bis einschließlich Tag neun und um zehn Uhr gingen die Lichter aus.

Erleuchtung war wohl wirklich kein Ponyhof!

Und wie um dies zu untermauern, ging es gleich schon los und wir erlernten noch am selben Abend eine erste Form der Meditation, bei der wir uns in Vorbereitung auf Vipassana erst einmal auf jene taktilen Empfindungen unseres Körpers konzentrieren sollten, die durch das Ein- und Ausatmen auf der Haut unterhalb unserer Nase entstanden.

Mich beim Schnaufen zu beobachten sollte mich zur Vollkommenheit führen? – Ich hatte da so meine Zweifel.

Doch unbeirrt folgte ich den Anweisungen und tat mein Bestes, mich zu konzentrieren.

Was dann in den folgenden drei Tagen bei und vor allem auch *mit* mir passierte, überraschte mich aufrichtig!

Denn vollkommen abgeschnitten von jeglicher Ablenkung, verlor mein Geist sofort an Halt und mein Innenleben fing an, wilde Kapriolen zu schlagen. Längst vergangene Konflikte meldeten sich erneut und nicht verarbeitete Gefühle überschwemmten mein Bewusstsein.

An das Beobachten subtiler Atemberührung war von meiner Seite aus damit ebenso wenig zu denken wie an buddhagleiche Konzentration unter dem Bodhi-Baum.

Was für mich und alle anderen natürlich auch erschwerend hinzukam, war die Aufgabe, sich im Sitzen nicht bewegen zu dürfen, was in einer Halle voller Stille selbst das kleinste Rascheln baumwollener Kleidung zu einem Feuerwerk reiner Fliegerseide werden ließ und somit auch den Letzten vom eigenen Zappeln in Kenntnis setzte.

Da half es wenig, die Augen wie gefordert geschlossen zu halten, denn damit noch mehr auf mich selbst fokussiert, entkrampfte dies die Situation kaum.

Zu der Aufgelöstheit in meinem Inneren und der bitteren Erkenntnis meines Unvermögens, mich wenigstens minutenweise auf meinen Atem zu konzentrieren, traten mit der Zeit noch körperliche Beschwerden, die im Zustand der erzwungenen Bewegungslosigkeit oft unerträglich schienen.

Ich wusste zwar nicht, wie es den anderen erging, doch ich selbst hatte nicht nur einmal das Gefühl, meinen ganz persönlichen Kreuzweg zu gehen.

Zwar wurde der Lehrer nicht müde, ein ums andere Mal zu erwähnen, Schmerzen im Körper seien der gespeicherte Ausdruck negativer Gefühle und würden lediglich Auskunft über die Beschaffenheit des eigenen Seins geben, ich jedoch wollte mich nicht so ohne weiteres dieser für mich nicht sehr schmeichelhaften Erklärung beugen und türmte in der Hoffnung, den Schmerzen dadurch zu entkommen, immer mehr Kissen und Decken auf meinem kleinen blauen Quadrat auf.

Dies reichte an Tag drei so weit, dass ich mich zumindest in dieser Beziehung wie die Prinzessin auf der Erbse fühlte, thronte ich doch inzwischen auf einem recht ansehnlichen Deckenberg.

Trotz meiner Überzeugung, durch diese Vorkehrungen nun Körper, Geist und Seele endgültig im Griff zu haben, zeigte sich der Schmerz unbeeindruckt und kroch weiterhin mein Bein hinauf.

Wenn ich dieses Stillsitzen nicht länger aushielt, bewegte ich mich schlechten Gewissens dann doch – was zwar den Schmerz sofort beendete, mich aber mit einem unangenehmen Gefühl des Versagens zurückließ.

Wie nur hatte es Buddha aufrecht wie ein Stöckchen sitzend geschafft, in nur einem Leben erleuchtet zu werden?

Für mich war dieser Zustand in unerreichbare Ferne gerückt.

Doch jede Qual – und sei sie noch so groß – findet irgendwann ihr Ende, und so kam auch für mich an diesem dritten Tag nach der letzten Meditation der alles abschließende Vortrag des Lehrers.

Erinnere ich mich richtig, war es an diesem Abend, dass er über Schmerzen sprach und den mitunter verzweifelten Versuch, ihnen über eine Änderung der Sitzposition entgehen zu können.

Leider jedoch, so fuhr er fort, zeitige dieses Unterfangen nach seiner eigenen Erfahrung langfristig keinerlei Erfolg, läge die Ursache des Unwohlseins doch nicht in der Physis begründet. Vielmehr riet er dazu, den Schmerz als manifesten Ausdruck der eigenen Unvollkommenheit akzeptieren zu lernen. Einzig Konzentration könne all dem ein Ende bereiten, versprach er dann, mehr Kissen hätten dies nach seiner Erfahrung noch nie vermocht.

Man kann sich meine Erleichterung vorstellen, als fast alle Schüler in der Halle laut zu lachen begannen oder zumindest schmunzelten.

Etwas beruhigter, wenn auch mit nicht ganz ungemischten Gefühlen angesichts der am nächsten Tag folgenden Meditationen, verließ ich (wie so viele andere auch) schwer bepackt mit Kissen und Decken an diesem Abend die Halle.

Am nächsten Tag ging es auch schon weiter, und nun erlernten wir endlich die von mir so sehnlich erwartete Vipassana-Meditation.

Doch was sich in meiner Vorstellung wie eine Erlösung angefühlt hatte, wurde zu meiner bislang größten Herausforderung, griff diese Form einer sogenannten Besinnungsmeditation doch noch tiefer in mein inneres Sein ein.

Ich weiß nicht mehr, wie oft ich mich gefragt habe, warum ich mir das alles antue.

Jedes Mal, wenn ich zur Ablenkung verbotenerweise die Augen öffnete und um mich blickte, sah ich ausschließlich perfekt aufrecht sitzende Menschen in stiller Anmut formvollendet der Erleuchtung entgegenstreben. Im Gegensatz dazu war meine Fähigkeit der Konzentration zum Haareraufen.

Einzig der Gesang des Lehrers, der am Ende jeder Meditation vom Abschluss der jeweiligen Stunde kündete, gab mir stets Hoffnung.

So unschön sich dies alles in der Zusammenfassung anhört, so katalytisch empfand ich diese Momente wahrhaftiger Selbstreflexion, ahnte ich doch – bewegungslos auf meinem Kissen sitzend und abgeschnitten von jeglicher Interaktion –, was an Verbesserung in meinem Wesen noch möglich war. Und auch den tieferen Sinn der Unterschrift zu Anfang des Kurses, meine geistige Gesundheit betreffend, betrachtete ich nun mit vollkommen anderen Augen.

In ruhigeren Momenten zwischen den Meditationen oder nachts, wenn ich wieder einmal nicht einschlafen konnte, fragte ich mich oft, wie ich es ohne wirkliche Konzentration überhaupt zu etwas hatte bringen können, wurde hier doch offensichtlich, wie unausgebildet mein Geist und wie ungemeistert meine Emotionen in Wahrheit waren.

Viel eher schon empfand ich mich da oft wie eine Betrunkene durch meinen eigenen Geist stolpernd, nicht allzu fähig, jenes sagenumwobene innere Gleichgewicht finden, geschweige denn willentlich aufrechterhalten zu können. Hatte ich mich bisher für einen Menschen gehalten, der zu großer Geistesleistung fähig war, so belehrten mich diese ersten Erfahrungen meines geistigen Weges eines Besseren.

Bescheidenheit war in diesen Momenten der Selbstreflexion das kleinste meiner Probleme.

Doch bei all diesen Hindernissen und unüberwindlich wirkenden Herausforderungen gab es dann auch wahre Highlights – außergewöhnliche Momente, in denen mir die bewusste Konzentration gelang und mich plötzlich eine Ruhe durchströmte, die für alles entschädigte, was ich zuvor an Anstrengung und Mühsal auf mich genommen hatte.

Es waren Augenblicke wie diese, in denen sich die Welt auf einmal richtig herum zu drehen schien und ich eins wurde mit mir, meinem Leben und der Schöpfung um mich herum.

Ich war mir sicher, nun meinen Weg der geistigen Entwicklung gefunden zu haben.

Richtungswechsel

Mit dem Erlernen der Vipassana-Meditation war für mich der lange gehegte Wunsch, meditieren zu lernen, in Erfüllung gegangen und voller Vorfreude blickte ich deshalb auf all die Veränderungen, die sich nun in meinem Leben einstellen würden. Die Stunden, die ich von da an meditierend auf meinem Kissen verbrachte, vergingen wie im Flug und Momente der Gelassenheit brachten Ruhe in mein Leben.

Alles hätte so schön sein können, wären da nicht wieder jene mir wohlbekannten Zweifel ernstzunehmender Sinnhaftigkeit gewesen, die sich erneut in meinem Alltag einzustellen begannen.

Doch was war es eigentlich, das ich so sehr vermisste?

Es dauerte einige Zeit, bis ich es verstand: Zwar liebte ich auf der einen Seite jene herausragenden Zustände innerer Gelassenheit während meiner Meditation, konnte mir auf der anderen Seite jedoch ein Leben in dieser von Vipassana prognostizierten Nüchternheit kaum vorstellen – ganz zu schweigen von der Aussicht auf eine tägliche Meditationspraxis, die sich in ein Ganzes gegossen offensichtlich unspektakulär in die Länge zu ziehen schien. Vielleicht war es kindisch und sicherlich auch unerleuchtet, doch ich erwartete mehr von meinem Leben.

Ich wollte das Abenteuer!

Ich wollte das Außergewöhnliche!

Ich wollte die Grenzen des Normalen überschreiten und in eine Zukunft blicken, die erfüllt von geistiger Beschäftigung mir das an Wundern zu bieten hatte, was ich mir nun einmal vorstellte.

Literarische Suche

In der eher unbewussten Ahnung, für meinen geistigen Weg nun einen neuen Anhaltspunkt finden zu müssen, machte ich mich erneut auf die Suche und landete dabei zunächst in einer Buchhandlung.

Um bei der schieren Masse der dort zum Teil schillernd feilgebotenen Bücher nicht vollkommen unter die Räder zu geraten, entschied ich mich, meinem gesunden Menschenverstand folgend, vor allem für jene Ansätze geistiger Entwicklung, die sich über die Jahrhunderte hinweg bewährt zu haben schienen.

Den Urschriften der Religionen folgend führte mich mein Weg in den kommenden Wochen und Monaten ausgehend von den Texten aus Nag Hammadi über Tibet nach Indien und ins alte China. Ich las Werke vergangener Meister und Interpretationen neuer Zeit. Ich reiste durch die Veden und Upanischaden und las Auszüge aus dem Koran sowie den Sutren Buddhas.

Doch so sehr ich mich auch bemühte, stets schien mir der Sinn des Gesagten verborgen zu bleiben und schneller als erwartet änderte sich erneut mein Fokus. Ich verlegte mich nun auf Ansätze, die den vermeintlichen Widerspruch von Wissenschaft und Glauben auch für andere verständlich aufzuheben versuchten, und verbrachte einen Großteil meiner Freizeit mit Arbeiten ebenso emsig Suchender, die wie ich mit der Offensichtlichkeit alltäglicher Banalität ihre Probleme zu haben schienen.

Leider jedoch brachte mir auch dies nicht den gewünschten Erfolg!

Denn keines, und zwar wirklich *keines* dieser Werke vermochte es auch nur im Ansatz, mir das zu geben, was ich mir für mich und mein Leben wünschte.

Langsam begann mir zu dämmern, dass es wohl mehr brauchte als bloße Theorie, um das zu finden, was Erfüllung in Wahrheit für mich bedeutete.

Ich verstand, dass es erneut an der Zeit war, rauszugehen, an der Zeit, mich mit Neuem zu konfrontieren und im Zuge dessen vielleicht diesen einen besonderen Menschen zu finden, der nicht nur in der Lage war, faszinierende Bücher zu schreiben, sondern es auch vermochte, mir deren Inhalte alltagstauglich näherzubringen.

Und so kam es, dass ich mich erneut auf die Suche begab und aufbrach in die Welt der Lehrer und all derer, die sich so nannten.

Die bunte Welt der Lehrer

Hatte ich bisher noch angenommen, das Finden weltlicher Kompetenz sei mit der einen oder anderen Schwierigkeit verbunden, so stellte mich meine Suche nach geistiger Wahrhaftigkeit vor ungeahnt größere Herausforderungen, ließen sich Erfolg und Fortschritt auf diesem Gebiet doch weder am Einkommen noch an der Größe der Anhängerschaft oder gar am gesellschaftlichen Status messen.

Dadurch mit einem Schlag von der Wissenschaftlichkeit objektiv reproduzierbarer Ergebnisse auf meine eigene Unterscheidung zurückgeworfen, stellte mich dieser Abschnitt meines Weges vor ernstzunehmende Herausforderungen, wollte mir dieser Teil meiner Suche doch bei weitem nicht so einfach von der Hand gehen, wie ich dies bisher von mir gewohnt war.

Vor allem die sich in meinem Inneren einstellende Haltlosigkeit mit dem Wunsch nach Orientierung bereitete mir stets Schwierigkeiten.

Nichtsdestotrotz ließ ich mich nicht entmutigen und besuchte tapfer weiterhin Schamanen, nahm an Ritualen teil oder tauchte ein in die bunte Welt der Selbsthilfegruppen.

Ich ließ mich in Familienaufstellungen durch den Raum schieben, gab so manchen Euro für Lebensberater und Coaches aus und wurde Mitglied in Foren und Internetgruppen.

Wochen und Monate zogen ins Land und mit jeder neuen Erfahrung wuchs nicht nur mein Einblick in diese zum Teil groteske Welt seelischer Beschäftigung, sondern auch jener einzigartige Kriterienkatalog geistiger Suche, über dessen Existenz ich mich zu Beginn meines Weges aufrichtig gefreut hätte.

Den Anfang all meiner Überlegungen bildete dabei stets die Prämisse, in meinen Bemühungen mit so wenig Aufwand wie möglich auszukommen, gedachte ich doch nicht, jahrzehntelang durch die Welt zu tingeln. Vorgewarnt von Vipassana interessierte es mich deshalb ganz besonders, was die jeweilige Praxis an außergewöhnlichen Erfahrungen für mich bereithielt, und wozu genau ich die Dinge tat, die zu tun waren.

Erschloss sich mir der Sinn einer Aufgabe nicht oder fand ich auch nach mehrmaligen Versuchen niemanden, der in der Lage oder willens war, mir diesen genauer zu erläutern, so dauerte mein Ausflug in das betreffende Lehrmodell selten besonders lang.

Auch der in der jeweiligen Schulungsrichtung praktizierte Umgang mit Intellektualität und Vernunft spielte für mich eine entscheidende Rolle, wollte ich diesen beiden Helfern doch nicht schon zu Anfang meiner Suche Lebewohl sagen. Lehrmeinungen, die also wirkten, als seien sie an einem feucht-fröhlichen Abend aus der Taufe gehoben worden, hatten es schwer bei mir – vor allem dann, wenn ich aufgefordert wurde, mich blind von meinen Gefühlen leiten zu lassen.

Vollkommen indiskutabel war jene Art von Modellen, die meinen freien Willen einzuschränken gedachten und sich in ihrer dogmatischen Verblendung dabei noch nicht einmal im Unrecht sahen. Hatte ich diese Untiefen bei den etablierten Glaubensrichtungen bereits in meiner Kindheit erfolgreich umschifft, so wollte ich nun mit einem derartigen Unsinn nicht wieder anfangen.

Auch mied ich mit großer Konsequenz Veranstaltungen, bei denen die vermeintliche Erlösung durch einen wie auch immer gearteten Körperkontakt zu erlangen war, reichte mir bei anderen Gelegenheiten doch bereits jenes „Wir beginnen nun und reichen uns die Hände"-Ritual.

Wurden im Zuge der Vermittlung des Lehrstoffes klare Verbote ausgesprochen, machte mich dies stets hellhörig, wollte ich mir doch nicht – einmal der elterlichen Fürsorge entwachsen – erneut erklären lassen müssen, was gut und richtig für mich war.

Schwierigkeiten hatte ich auch, wenn es in Veranstaltungen zu wahren Ausnahmezuständen emotionaler Art kam und sich die Teilnehmer theatralisch gebärdend die unterschiedlichsten Kindheitstraumata von der Seele schrien oder tanzten. Auch suchte ich das Weite, wenn Lehrsysteme keine klar definierten, am eigenen Leib nachprüfbaren Ergebnisse zum Ziel hatten, sondern bei denen das Dabei-Sein das höchste der Gefühle war.

Vollständig Abstand nahm ich, wenn Eide oder Schwüre zu leisten waren, wirkte dies doch geradezu diabolisch auf mich.

Einen großen Stellenwert bei meinen Beurteilungen maß ich stets dem sich um ein Lehrmodell bildenden Umfeld zu, sollte dieses in seinem Anspruch auf Universalität doch, einer Normalverteilung folgend, einen repräsentativen Querschnitt der Bevölkerung bilden. Fand ich mich also in Splittergruppen wieder, zu denen ich freiwillig eher nicht gehören wollte, wurde es Zeit für mich zu gehen.

Skeptisch werden ließ mich auch das Vorhandensein eines ausgeklügelten Empfehlungsmanagements oder das wahrer Massenveranstaltungen, von denen ich für mich persönlich kaum etwas mitnehmen konnte.

Schwieriger wurde es, wenn Lehrsysteme weniger offensichtlich einen nicht ganz lupenreinen Umgang mit Logik pflegten und in zum Teil überraschend perfekter Art und Weise in der Lage waren, einem jedes Wort im Mund und jeden Gedanken im Kopf umzudrehen.

Vor allem dann hieß es, möglichst schnell Land zu gewinnen.

Das letzte Kriterium meiner Suche, das mich an einem Lehrmodell zweifeln ließ, betraf stets denjenigen, der dieses System als Lehrer in seinem Auftreten und seiner Persönlichkeit repräsentierte.

Vielleicht war es vermessen und zweifellos unverbesserlich subjektiv – aber sobald mir der Vertreter einer Schulungsrichtung unsympathisch erschien, verwarf ich mit ihm das gesamte System. Auch Lehrer, die nicht lebten, was sie lehrten, wirkten auf mich wenig vertrauenserweckend und schnell trennten sich unsere Wege.

Wurde der Lehrer einer Schulungsrichtung nicht müde, über sich und seine Erfahrungen zu berichten, geriet ich in eine Zwickmühle. Einerseits interessierten mich natürlich sein geistiger Werdegang sowie die dabei erlangten Einsichten sehr, andererseits hielt ich nur wenig von jeglicher Form der Guru-Verehrung oder einem wie auch immer gearteten Personenkult.

Behauptete einer der Lehrer, er sei der einzig Auserwählte und sein Entwicklungsstand nicht durch eigene Anstrengung erworben, sondern von Gnaden verliehen, suchte ich den Absprung, verstand ich dann doch nicht, was er mir beizubringen gedachte.

So offensichtlich logisch all diese Kriterien von meinem persönlichen Standpunkt aus auch waren, auf meiner Suche nach Verwirklichung wurden sie kein einziges Mal erfüllt. Zwar gab es zweifellos einige charismatische Persönlichkeiten, deren Fähigkeit mich eine gewisse Zeit in ihren Bann zog, doch bei jedem von ihnen kam früher oder später der Moment, an dem ich mich nicht länger aufgehoben fühlte und wusste, dass es Zeit wurde, Abschied zu nehmen.

Ich war schon fast dabei, die Flinte ins Korn zu werfen, als sich das Blatt für mich wendete.

Eine besondere Begegnung

Es war der Tipp einer Bekannten, der mich auf einen Mann aufmerksam machte, dem als Lehrer geistiger Entwicklung geradezu sagenhafte Fähigkeiten und eine mehr als beeindruckende Persönlichkeit nachgesagt wurden. Dieser sollte keinen Monat später einen Vortrag in meiner Heimatstadt halten und so beschloss ich – angezogen von diesen begeisterten Beschreibungen – mir diesen offenbar herausragenden Menschen einmal genauer anzuschauen.

An dem Abend, an dem der Vortrag stattfinden sollte, beschlichen mich jedoch angesichts des am Ende stattfindenden schamanischen Rituals ernsthafte Zweifel. Hin- und hergerissen zwischen der mir angeborenen Neugierde auf der einen und meiner Skepsis allem Schamanischen gegenüber auf der anderen Seite, entschied ich mich der Einfachheit halber für einen Kompromiss, bei dem ich den Vortrag wie geplant besuchen wollte, mir aber vornahm, dem Ritual lieber fernzubleiben.

Froh und zufrieden, eine irgendwie dann doch recht entspannte Lösung für mich gefunden zu haben, betrat ich kurze Zeit später den Veranstaltungsraum und bezahlte den Eintritt. Ich suchte mir einen geeigneten Platz am Rand und beobachtete aufmerksam, was um mich herum passierte. Wenig später ging es auch schon los, als sich der Lehrer mit einer freundlichen Begrüßung vorstellte. Umstandslos leitete er über zum eigentlichen Thema des Abends, erklärte seinen Lehransatz und beschrieb den Weg, den er vermittelte. Dabei sprach er zur Abwechslung einmal nicht, wie so viele andere vor ihm, von abgedrehten Verheißungen einer von der Realität losgelösten Welt, sondern von ganz konkreten Situationen normaler

Alltäglichkeit, deren souveräne Bewältigung zum Ausdruck all jener Errungenschaften eines Weges geistiger Entwicklung wurde, die ich mir für einen solchen nun einmal vorstellte.

Da ging es zum Beispiel um die Meisterung des Gangs zum Kühlschrank, dessen Inhalt an einem verregneten Sonntag ständig zu locken schien, oder auch um die des Drangs nach ungetrübter Harmonie, der keine Auseinandersetzung – und sei sie auch noch so konstruktiv – duldete.

Er sprach von der Packung Zigaretten, die gegen den eigenen Willen ihren Inhalt verlor, oder von der oft schmerzlich vermissten Fähigkeit, familiären Themen gelassener gegenüberzustehen. Er erzählte vom menschlichen Geist und seiner Befreiung, von einer Seele, die es zu veredeln galt, und von Stofflichkeiten, die jenseits weltlicher Messbarkeit unfassbare Möglichkeiten mystischer Erfahrung boten. Er berichtete von den Prüfungen, die einem das Leben stellte, und von einem Glück, dessen wahre Größe sich nur demjenigen erschloss, der sich selbst als Urheber seines Leidens erkannte.

Und außerdem behauptete er, diesen Weg der Meisterung einschließlich der sich mit ihm einstellenden Mystik einem jeden beibringen zu können, der sich aufrichtig dafür interessierte.

Jetzt wurde ich hellhörig!

Alles, was er sagte, klang so wunderbar normal und doch so außergewöhnlich, dass ich zweifelte, ob es wahr sein konnte.

Ich hatte so viel Seltsames in den letzten Jahren gehört – Tausende von Stunden sollte ich meditieren, den unterschiedlichsten Göttern und Heiligen huldigen oder gar eine Flut an Kursen absolvieren, deren Ergebnis nie festzustehen schien.

Und hier nun stand plötzlich jemand vor mir, der den Schlüssel dauerhafter Befreiung einzig in der gezielten Meisterung des eigenen Geistes sah und dabei den Kontakt zu all den Wundern dieses Lebens noch nicht verloren zu haben schien, nach denen ich mich in meinem Streben nach Sinn so sehr sehnte.

Die Vorstellung, dass das, was er sagte, der Wahrheit entsprach, faszinierte mich sehr, und doch schien mir das schiere Vorhandensein jenes schamanischen Rituals, das sich nun als Wolkenfront am Horizont zusammenzog, so gar nicht in dieses fast perfekte Bild einer ernstzunehmenden geistigen Schulungsrichtung zu passen.

Also verließ ich wie geplant den Saal, nahm mir jedoch zu meiner eigenen Überraschung vor, nach diesem Ritual noch einmal zurückzukehren, um möglicherweise zu diesem Zeitpunkt weitere interessante Einblicke in das gewinnen zu können, was dieser außergewöhnliche Mann im besten Fall tatsächlich auch zu vermitteln verstand.

Hinaustretend in die kalte Winterluft führte mich mein Weg durch die verschneiten Straßen einer nahezu verlassenen Fußgängerzone und ich genoss die Ruhe der abendlichen Altstadt.

Nur wenige Minuten waren vergangen, als mir plötzlich bewusst wurde, wie außergewöhnlich diese Lehre der geistigen Entwicklung in unserer Zeit eines kalten Intellekts war, schien sie doch all die wunderbaren Möglichkeiten eigener Vervollkommnung mit jener lange vergessenen Mystik zu vereinigen, die auch in meinem Empfinden den Kern eigentlichen Menschseins bildete.

Froh, bereits jetzt diesen entscheidenden Einblick für mich erlangt zu haben, begab ich mich auf den Rückweg und überquerte gerade den Platz vor dem Veranstaltungssaal, als ich ein Auto mit Rosenheimer Kennzeichen mitten in der Fußgängerzone stehen sah, das gerade von einer Ordnungsfrau aufgeschrieben wurde. Kamen nicht der Lehrer und seine Freundin aus Rosenheim?

Ich sprintete los und versuchte der Frau vom Ordnungsamt wortreich und wahrscheinlich etwas unzusammenhängend begreiflich zu machen, dass die Besitzer des Fahrzeuges im Saal einen Vortrag hielten und ich sie problemlos holen könnte. Dies schien sie jedoch wenig zu überzeugen und so entschied ich mich, statt weiter zu reden, einfach Tatsachen zu schaffen.

Ich ließ also die etwas verdutzt dreinblickende Dame stehen und rannte in den Saal, in dem das Ritual noch in vollem Gange war. Die Lebensgefährtin des Lehrers saß in einer der hinteren Reihen, und ohne die anderen stören zu wollen, versuchte ich, ihr die Lage so schnell und eindringlich wie möglich zu schildern. Dabei war ich wohl sehr energisch und meine Geschichte verworren, denn obwohl sie langsamer, als mir lieb war, die Schlüssel des Autos aus der Tasche holte, erweckte sie nicht gerade den Eindruck, als sei sie von der Dringlichkeit meines Anliegens überzeugt.

Dies änderte sich natürlich schlagartig, als sie aus der Tür des Saals trat und den Sachverhalt erfasste. Trotz unserer schnellen Reaktion hatte es sich die Aufschreibfrau in der Zwischenzeit leider nicht nehmen lassen, den Abschleppdienst zu rufen, der zwar telefonisch wieder abbestellt werden konnte, seinen wenn auch etwas fragwürdigen Aufwand jedoch unbeirrt in Rechnung stellte. Daran ließ sich auch dann nichts ändern, als der Lehrer am Ende des Rituals selbst versuchte, die Situation noch zu retten, hatte er doch die Aufregung im Hintergrund mitbekommen. Froh, durch dieses gerade noch rechtzeitige Eingreifen wenigstens dem Abschleppen entgangen zu sein, parkte er das Fahrzeug erst einmal um, woraufhin alle zurück in den Saal gingen.

Innerlich musste ich grinsen, denn durch diese Ereignisse fühlte ich mich in meinem Entschluss bestätigt, schamanischen Ritualen zum Wohle aller auch in Zukunft besser fernzubleiben.

Zurück in der Ruhe des Saales stand ich dann plötzlich alleine vor ihm: dem Lehrer und Meister Kurt Walchensteiner.

Freundlich lächelte er mich an und bedankte sich erneut für meine Hilfe.

Erst jetzt, aus der Nähe betrachtet, merkte ich, wie groß gewachsen er in Wirklichkeit war, überragte er mich doch fast um Haupteslänge. Seine Haare reichten ihm bis zu den Schultern und trotz seines noch relativ jungen Alters zogen sich sichtbare Falten über sein Gesicht. Die Augen, die über einer energisch wirkenden Nase eng beieinanderlagen, blickten ungewöhnlich wach und nichts schien ihnen zu entgehen.

Instinktiv trat ich einen Schritt zurück, denn aus der Nähe betrachtet wurde aus diesem so locker wirkenden Typen des Vortrags eine Autorität, die mir großen Respekt einflößte. Kurze Zeit später gesellte sich dann auch noch Susanne, seine Lebensgefährtin, zu uns und erneut bedankten sich beide für mein beherztes Eingreifen.

Aufrichtig berührt von ihrer authentischen Freundlichkeit und ihrem offenen Dank für meine Hilfe, unterhielten wir uns noch eine Weile, bis ich mich mit der Frage nach dem nächsten Seminar verabschiedete.

Tief beeindruckt von all dem Erlebten und noch etwas überfordert von der Autorität dieses Mannes kehrte ich nach Hause zurück und freute mich bereits jetzt auf das, was mich in Zukunft erwarten sollte.

Stolpersteine

Ein paar Wochenenden später machte ich mich auf in Richtung Süden, um dort wie geplant eines der von Kurt angebotenen Seminare zu besuchen.

Als es dann losging und Kurt uns alle begrüßte, kam die Reihe irgendwann auch an mich. Unsicher, was ich eigentlich erzählen sollte, fing ich einfach damit an, meinen bisherigen Weg zusammenzufassen und erzählte von meinen Erfahrungen sowie jenen Vipassana-Meditationen, die mich nach meinem damaligen Dafürhalten eigentlich recht weit hatten kommen lassen. Überzeugt von dem, was ich sagte, und sicher, mit meinen Erkenntnissen richtig zu liegen, irritierte es mich sehr, wie wenig beeindruckt sich Kurt von meinen Errungenschaften zeigte, ja sogar anfing, einiges davon offen zu hinterfragen. Enttäuscht, für meine bisherigen Bemühungen nicht anerkannt zu werden und erschreckt von Kurts unbeeindruckbarer Klarheit, versuchte ich schnell, meine Position zu behaupten und kam dabei auf die Idee, den Spieß der Herausforderung umzudrehen und nun die von Kurt vermittelten Inhalte sowie die dabei verwendeten Begrifflichkeiten provokant in Frage zu stellen.

Das hätte ich besser nicht getan!

Ohne auch nur mit der Wimper zu zucken oder gar an seiner Körperhaltung etwas zu ändern, reagierte Kurt in seiner Rolle als Lehrer sofort, nicht jedoch in der Form, wie ich es bisher von anderen in meinem Umfeld gewohnt war.

Denn statt gegen mich und meinen Standpunkt Opposition zu ergreifen, ging er noch nicht einmal besonders auf das ihm soeben von mir Entgegengeschleuderte ein, sondern begegnete mir unverändert freundlich und respektvoll. Ruhig und mit der ihm eigenen Souveränität unterbrach er mich in meinem Redeschwall, wartete einen kurzen Moment und wies mich dann freundlich, aber bestimmt darauf hin, dass jegliche Form der Frage bei ihm gerne gesehen, aus Unsicherheit zur Schau gestellte Überheblichkeit in seiner Gegenwart jedoch fehl am Platze sei.

Überwältigt von seiner ruhigen Erwiderung und der von ihm unmissverständlich unter Beweis gestellten Selbstbeherrschung wurde mir schmerzlich bewusst, wie respektlos ich mit dieser Provokation nicht nur ihm als Lehrer begegnet war, sondern auch dieser seit Jahrtausenden bewährten Lehre menschlicher Weiterentwicklung.

Was das Ganze dann noch peinlicher für mich machte, war die Tatsache, dass es aufgrund seiner äußerst umsichtigen und liebevollen Art nichts, aber auch gar nichts gab, was ich ihm als Fehlverhalten hätte vorwerfen können. Auf diese Weise unerwartet auf mich selbst zurückgeworfen wurde ich mir jäh meiner Schuld an diesem Schlamassel bewusst.

Mit Scham und Überraschung erkannte ich, dass man sich im gegenseitigen Umgang wohl auch anders behaupten konnte, und es auf einem Weg wahrhaftiger Entwicklung vor allem darum zu gehen schien, sich als Meister Seiner Selbst auch dann nicht aus der Ruhe bringen zu lassen, wenn andere – wie gerade ich – die Grenzen des gegenseitigen Respekts einmal übertraten.

Mit großer Bestürzung erkannte ich, wie weit ich, im Gegensatz zu Kurt, von derlei Möglichkeiten

entfernt war und nahm diese Erkenntnis zum Anlass, mich nun endgültig für den von Kurt so ein-
drucksvoll vermittelten Weg zu entscheiden.

Der Weg und ich

Mein Plan für die Zukunft stand somit für mich
fest und voller Freude konzentrierte ich mich von
da an ganz besonders auf die von Kurt vermittelten
Inhalte.

Denn genau sie waren es ja, die mich so sehr faszinierten, gingen sie doch auf jene Meisterschulen
des alten Ägypten zurück, deren wohl größter
Meister unter dem Namen Hermes Trismegistos in
die Geschichte eingegangen war.

Als Abbild einer sich auf klaren Gesetzen gründenden Schöpfung war diese höchste aller Wissenschaften des Geistes – vom Dogmatismus einer
machtorientierten Kirche verfolgt oder durch falsch
verstandene Lehren aus den eigenen Reihen in Verruf gebracht – leider nahezu vollständig in Verges-
senheit geraten.

Dies änderte sich gegen Mitte des letzten Jahr-
hunderts, als Franz Bardon, der wohl größte Meister seiner Zeit, mit der Offenlegung all der bis dahin nur im Verborgenen weitergegebenen Weisheiten diese Lehre mit nur drei Büchern geradezu re-

volutionierte und somit den Grundstein dessen legte, was Kurt als Einziger, den ich kenne, aus unmittelbarer Erfahrung in Form konkreter Übungen des Willens, Fühlens, Intellekts und somit Bewusstseins weiterzugeben in der Lage ist.

Oberste Priorität vor allem zu Anfang dieses Weges bildeten dabei sowohl das Erreichen eines inneren Gleichgewichts als auch die tiefe Verinnerlichung eigener Bindungen, die zusammengenommen in einem nächsten Schritt zur Basis einer geradezu wunderbar anmutenden Entwicklung werden.

Interessierten mich die Werke eines Franz Bardon sehr und fesselte mich die Aussicht auf ein Leben mit diesem Weg, so hatte ich nicht nur Schwierigkeiten, mich mit einigen der von Kurt verwendeten religiös anmutenden Begrifflichkeiten zu arrangieren, sondern auch meine liebe Not mit dem Zusammenhang zwischen einer sich seit Anbeginn auf wahrhaftiger Universalität gründenden Lehre der Einweihung und den auf Basis einzelner Gesetzmäßigkeiten entstandenen Glaubensrichtungen unterschiedlichster Form, die mir nach meinen Erfahrungen mit der katholischen Kirche und einem Blick auf die Geschichte der Menschheit wenig vertrauenserweckend erschienen.

In Anbetracht meiner grundsätzlichen Begeisterung jedoch tat ich mein Bestes, mir diese Unsicherheit nicht allzu sehr anmerken zu lassen und verlegte die Klärung dieser Fragen auf einen späteren Zeitpunkt, stets hoffend, mich mit einigen Dingen bis dahin ausgesöhnt zu haben.

Ich denke, ich schlug mich – alle Gegebenheiten dieses ersten Seminars zusammengenommen – gar nicht einmal so schlecht, denn mit jeder Minute wuchs gleichzeitig auch mein Gefühl, bei Kurt und der von ihm vermittelten Lehre gut aufgehoben zu sein.

Wenn ich dann auch noch beobachtete, wie er in den Pausen mit den Gegebenheiten eines normalen Alltags umzugehen pflegte, freute ich mich umso mehr auf jenen Weg geistiger Entwicklung, den ich gerade für mich zu entdecken begann.

Eine Zahl auf Papier

Zurückgekehrt von diesem ersten Seminar und in dem festen Glauben, nun endgültig meinen Weg gefunden zu haben, erkannte ich schnell, wie wenig glücklich mich im Gegensatz dazu meine Tätigkeit als Unternehmensberaterin machte. Aus diesem Grund erkannte ich schnell, dass es nun wirklich Zeit wurde, an meiner Situation etwas Grundlegendes zu ändern – und kündigte in einem Anflug von Wagemut meinen bis dahin sicheren Job.

Die Möglichkeiten staatlicher Unterstützung voll nutzend, verschaffte ich mir durch die Beantragung eines sogenannten Gründungszuschusses einiges an Zeit, hatte ich doch vor, mich mit der Eröffnung einer Praxis als Heilpraktikerin für Psychotherapie neu zu orientieren.

Mich in einer ruhigen Minute fragend, wie es zu dieser Veränderung in meinem Leben gekommen war, erkannte ich überrascht, wie schleichend sich diese bereits Jahre zuvor angekündigt hatte.

Es war bei einem meiner Umzüge, als ich zu der bitteren, jedoch auch überaus befreienden Erkenntnis gelangte, welch große Verpflichtung weltlicher Besitz mit sich bringt, mussten doch stets Kisten gepackt und Wohnungen gefunden, Stellplätze für Fahrzeuge gemietet und zum Teil doppelte finanzielle Belastungen getragen werden.

Überwältigt von dieser eigentlich recht naheliegenden Einsicht, versäumte ich es damals noch, entsprechende Konsequenzen für mich zu ziehen, betrachtete von diesem Zeitpunkt an jedoch das übermäßige Anhäufen materieller Güter eher skeptisch. Alles war noch Jahre in weiterhin „normalen" Bahnen gelaufen, bis ich plötzlich – froh, meinen ersten Arbeitsvertrag als Beraterin in den Händen zu halten – auf das nun von mir zu erwartende Jahreseinkommen blickte.

Während die Summe andere vielleicht beeindruckt hätte und zum Ansporn weiterer Anstrengung geworden wäre, hatte ich nur irritiert festgestellt, dass für mich diese Zahl auf Papier eben nur genau das war: eine Zahl auf Papier.

Wenn aber diese Zahl nur eine Zahl war, was war dann mit all den anderen Zahlen?

Und was mit diesem lästigen Streben nach mehr?

Hatte sich dieses dann nicht selbst ad absurdum geführt?

Die Erfahrung des eigenen Willens

Die Monate, die meiner Kündigung folgten, waren ereignisreich, denn ich musste nicht nur mich selbst wieder auf die Reihe bekommen, sondern sah mich darüber hinaus mit einigen eher unangenehmen Gesprächen konfrontiert, in denen besorgte Freunde auf meine schon mehr als ausreichend vorhandenen Bedenken noch ihre eigenen draufluden.

In dem Versuch, dem allen zu entgehen, beschloss ich daher, mich erst einmal von ihnen etwas zurückzuziehen und mich ausschließlich jenen Verpflichtungen zu widmen, die zur Neugründung einer Praxis erforderlich waren.

Die Monate vergingen und mir gelang es eigentlich recht gut, mein Vorhaben der beruflichen

Neuorientierung mitsamt der noch anstehenden Prüfung zur Heilpraktikerin für Psychotherapie umzusetzen.

Blieb mir neben all dieser Beschäftigung mit meinem Leben dann noch Raum für anderes übrig oder gab es in Bezug auf meine Praxis gerade nichts Wichtiges zu tun, beschäftigte ich mich voller Enthusiasmus mit der von Kurt empfohlenen Literatur oder besuchte die von ihm angebotenen Seminare, die sich entweder mit im Voraus festgelegten Themen auseinandersetzten oder als freie Seminare der geistigen Entwicklung der Teilnehmer Rechnung trugen. Vor allem die unterschiedlichsten Themenseminare hatten es mir stets besonders angetan, ging es in ihnen doch um jene allen Glaubenssystemen zugrunde liegende Universalität, die mich in ihrer Gültigkeit auch für ein normales Leben zutiefst faszinierte.

Einer Reise um die Welt gleich beschäftigten wir uns so in Anlehnung an Kurts eigene Erfahrungen mit der Sternenkunde der Maya, suchten Parallelen zur Lehre druidischer Kelten oder entschlüsselten die kabbalistischen Geheimnisse hebräischer Geistesschulung.

Jeder Tag – ganz unabhängig davon, welches Thema er gerade behandelte – wies dabei einen ähnlichen Ablauf auf, der sich aus der bereits beschriebenen Einstiegsrunde zu Anfang, einem Theorieteil mit praktischen Übungen in der Mitte und einem den Tag abschließenden Ritual zusammensetzte. Überstand ich die Einstiegsrunde immer noch recht gut und machte mir der Theorieteil mit den Übungen zunehmend Freude, so war mir das abendliche Ritual eher unangenehm, wusste ich doch, dass es dann wieder schamanisch hoch herging.

Mit dem Ziel, auf diese Art geistige Realitäten für jedermann erfahrbar zu machen, schöpfte Kurt bei all seinen Ritualen aus einem schier grenzenlos wirkenden Fundus an Handlungen und Zeremonien, die ebenso bunt und mannigfaltig waren wie die Themen, mit denen wir uns beschäftigten. Mit genau darauf abgestimmter Musik, laut bebenden Trommeln und den unterschiedlichsten Gegenständen wurden Reisen in die Ebenen der Seele und des Geistes unternommen oder Einweihungen durchgeführt.

Hatte ich mich bis dahin kaum mit der Verwendung von Symbolen oder dem Hintergrund der verschiedenen Naturreligionen auseinandergesetzt, so wurde ich jetzt mit dem vollen Programm schamanischen Handelns konfrontiert, was mich schnell an die Grenzen meiner Vorstellung und noch viel schneller an die meiner Toleranz brachte.

Doch auch ich war mir bewusst, dass derjenige, der den Menschen half, wohl auch derjenige war, der der Wahrheit näherstand, und so hielt ich mich mit skeptischen Bemerkungen so weit wie möglich zurück und beobachtete voller Verwunderung die Veränderungen, die sich im Leben anderer selbst für mich sichtbar einstellten.

Vor die wirklichen Herausforderungen dieses neuen Weges stellten mich jedoch weder Kurts Rituale noch die von ihm vermittelten Inhalte, sondern vor allem die sich in meinem Inneren abspielenden Konflikte, die mich Fortschritte an mir selbst nur schwer wahrnehmen ließen. Vor allem das willentliche Erschaffen und Wahrnehmen unterschiedlicher Empfindungen brachte mich an meine Grenzen, wusste ich doch kaum, ob ich nun fühlte, was ich sollte, oder nur, was ich mir einbildete.

Hinzu kam, dass sich zurückgekehrt nach Hause die Disziplin täglicher Übung als wahre Herkules-Aufgabe erwies und messbare Erfolge sich keineswegs so einzustellen gedachten, wie ich mir dies wünschte.

Mich dabei stets fragend, warum mir die Aufgaben nicht gelingen wollten, erkannte ich schnell, dass der Besuch von Seminaren die eine Sache war, das regelmäßige Absolvieren der mir von Kurt empfohlenen Übungen eine ganz andere. In der anfänglichen Überzeugung, durch das stete Meditieren bei Vipassana schon einiges gewöhnt zu sein, musste ich mir nun zu meiner Ernüchterung eingestehen, wie wenig weit mich dieses vergangene Jahr der Meditation hatte kommen lassen – ließen meine Fähigkeiten geistiger Meisterung doch weiterhin mehr als zu wünschen übrig.

Immer wieder erinnerte ich mich daher zurück an die von Franz Bardon erwähnte Tatsache, dass ein geistiger Weg wie dieser einem ein geradezu übermenschliches Durchhaltevermögen abverlange.

Bisher eher als Stilmittel literarischer Natur zur Erregung entsprechender Aufmerksamkeit abgetan, erkannte ich nun die in diesem Satz enthaltene Weisheit und begann zu verstehen, welch langer Weg der Ausbildung in Wirklichkeit noch vor mir lag. Belohnung wäre in Aussicht, doch die Kunst läge vor allem darin – so Franz Bardon – , in seinen Bemühungen niemals aufzugeben und das Ziel schlussendlicher Befreiung trotz wiederholter Rückschläge unverzagt im Auge zu behalten.

Genau dies hatte ich nun vor.

Das wirklich Gute an all diesen anfänglichen Fehlschlägen war in meinen Augen jedoch, dass sich mein Selbstbild dadurch wie von allein veränderte und ich in der Einschätzung meiner tatsächlichen Fähigkeiten wesentlich realistischer wurde. Was genau ich letztlich bei all meinen Übungen falsch machte, blieb mir damals allerdings ebenso verborgen, wie die sich in meinem Inneren unbemerkt vollziehenden Entwicklungsschritte, die es aufgrund der nach wie vor bestehenden Grobheit meines Geistes kaum in die Wahrnehmung meines Alltagsbewusstseins schafften.

Rettung in diesen Momenten der Orientierungslosigkeit bot mir dann stets die Sicherheit, dass auch Kurt es irgendwie geschafft haben musste, diesen Weg für sich zu meistern, sowie jene selbst in ihrer Erinnerung so herausragenden Erlebnisse mystischer Natur, die sich bereits kurze Zeit später einzustellen begannen.

So erinnere ich mich zum Beispiel an einen Traum, in dem ich mir Meiner Selbst bewusst wurde.

Mich frei im Raum wahrnehmend, traf mich auf einmal ein von oben auf mich zurasender Strahl gleißend vibrierender Energie. Vollkommen ergriffen von dieser alles erfassenden Schwingung begann mein Körper, den ich mehr ahnte als sah, innerlich zu vibrieren. Ich realisierte überrascht, dass es nur noch mich und dieses eine, alles erfüllende Licht strahlender Vollkommenheit zu geben schien, in dem selbst Zeit aufgehört hatte zu existieren. In der Angst, mich vollständig in diesem Zustand zu verlieren, bat ich mit einem Ruf um Hilfe und erwachte im selben Moment überwältigt in meinem Bett. Mein Herz schlug mir bis zum Hals und ich fühlte mich, als würde pure Kraft durch meine Adern fließen.

An Schlafen war natürlich nicht mehr zu denken und tief in Gedanken versunken erwartete ich in dem Gefühl unendlich wirkender Lebendigkeit den nächsten Morgen.

Wandel und der geistige Weg

Doch mein Weg mit Kurt als Lehrer hielt noch anderes für mich bereit, denn in seiner Art, geistigem Fortschritt stets Priorität zu geben und die neuesten Erkenntnisse so schnell wie möglich der Öffentlichkeit zugänglich zu machen, wurde er nicht müde, ohne große Umschweife lang gehegte Pläne über den Haufen zu werfen, grundlegende Einstellungen über Nacht zu überarbeiten oder von einem Tag auf den anderen gewohntes Verhalten durch neues zu ersetzen.

Erkannte er dabei aufgrund seiner eigenen geistigen Arbeit in einem Ablauf oder Vorgehen ein Hindernis für das Vorankommen auf dem Weg, so räumte er dieses ohne großes Zögern und mit erstaunlicher Konsequenz nicht nur für sich selbst aus dem Weg, sondern durch eine Umstellung seiner Lehre auch für all diejenigen, die ihm in seinen Anstrengungen folgten.

Die sich dadurch für alle Beteiligten einstellenden und vor allem wiederkehrenden Veränderungen konfrontierten natürlich auch mich mit meiner Fähigkeit zur Anpassung, galt es doch in mehr oder weniger regelmäßigen Abständen Neues zu integrieren.

Hatte ich mich also gerade auf eine Sache eingestellt und dachte nun, mich darauf zumindest etwas ausruhen zu können, kam kurze Zeit später bereits das Signal zum Aufbruch und ich musste mich erneut aufmachen, mir meinen Zugang zu den nun von Kurt vermittelten Inhalten neu zu erarbeiten.

Wirkten diese Veränderungen von außen betrachtet vielleicht übereilt und wenig durchdacht, so dienten sie stets – wie ich manchmal erst im Nachhinein begriff – einer besseren Ausrichtung der eigenen Bemühungen und ermöglichten ein noch schnelleres Voranschreiten auf diesem faszinierenden Weg geistiger Vervollkommnung.

Im Laufe der Zeit fielen so diesem von Kurt immer wieder initiierten Wandel nicht nur die einzelnen Gruppen seiner Meisterungsklassen zum Opfer, sondern auch der als Weg zusammengestellte Seminarzyklus selbst, erkannte Kurt doch in der sich inzwischen stark verdichtenden Gruppendynamik ein Hindernis für die Weiterentwicklung der einzelnen Teilnehmer.

Während mich Ersteres überaus freute, so beunruhigte mich das Auflösen des Seminarzyklus sehr, fürchtete ich doch, meinen gerade erst gefundenen Weg der geistigen Entwicklung erneut verloren zu haben.

Dies stellte sich zwar nach einiger Zeit aufgrund der weiterhin angebotenen Veranstaltungen als erfreulicher Irrtum heraus, führte mir jedoch auch anschaulich vor Augen, wie hart mich Wandel vor allem dann traf, wenn ich aus vollem Herzen an etwas hing.

Es dauerte einige Zeit, bis ich wirklich zu verstehen begann, dass jede dieser Anpassungen der Lehre stets einer höheren Stufe der Entwicklung diente, die ohne entsprechendes Eingreifen von Kurt so nicht möglich gewesen wäre. Mit der Zeit lernte ich deshalb, diese ständige Umorientierung als Möglichkeit einer noch schnelleren Entwicklung zu schätzen und genoss das große Maß an Freiheit und Flexibilität, das sich hinter all dieser Bewegung in Wirklichkeit verbarg.

Weit weniger Verständnis hatten da schon einige andere Teilnehmer, die nun begannen, sowohl an

Kurts Kompetenz als auch an seiner generellen Glaubwürdigkeit zu zweifeln, und dies – in dem Glauben, irgendwo anders besser aufgehoben zu sein – schlussendlich zum Anlass nahmen, ihm und seiner Lehre fernzubleiben.

Was in ihren Augen vielleicht ein Ausweg war, war für mich überaus kurzsichtig, konnte ich doch nicht einmal im Ansatz nachvollziehen, wie man einem Lehrer wie ihm, dessen einziges Anliegen die geistige Entwicklung anderer war, aus so nichtigem Grund den Rücken kehren konnte.

Doch auch davon schien sich Kurt nicht wirklich aus der Ruhe bringen zu lassen und so gewöhnte auch ich mich an dieses ständige Kommen und Gehen.

Die Wochen und Monate zogen mit all diesen Herausforderungen ins Land, als Kurt in einem der darauffolgenden Seminare mit der Neuigkeit überraschte, zusammen mit Susanne ein Zentrum eröffnen zu wollen, in dem man sich dem Erlangen geistiger Fortschritte noch intensiver widmen konnte.

Dadurch mit der Möglichkeit ausgestattet, auch zwischen den Seminaren konzentriert Zeit mit diesem faszinierenden Weg der geistigen Beschäftigung verbringen zu können, erlebte ich in diesen mit Liebe eingerichteten Räumlichkeiten ganz besondere Momente, in denen ich natürlich nicht nur weiterhin Kurts Veranstaltungen besuchte, sondern darüber hinaus auch Einblicke in das Alltagsleben dieses Weges erhielt.

Der Aufbruch zu Neuem

So positiv sich dieser Teil meines Lebens entwickelte, so sehr bereitete mir die Eröffnung meiner Praxis als Heilpraktikerin Kopfzerbrechen, gestaltete sich diese doch weit weniger erfolgreich als ursprünglich angenommen.

Hinzu kam, dass sich nach all diesen Veränderungen in meinem Leben nun auch mein Freundeskreis aufzulösen begann und ich mich fragte, ob es nicht erneut Zeit für einen Tapetenwechsel war.

Wohl wissend, damit nun endgültig ein alternatives Lebensmodell gewählt zu haben, entschied ich, meiner geistigen Zukunft zuliebe in die Nähe von Kurt zu ziehen, packte all meine Habseligkeiten in Kisten und machte mich kurze Zeit später auf in mein neues Leben.

Die Hektik dieses für mich besonderen Umzuges legte sich aufgrund der von mir dabei inzwischen erworbenen Routine recht schnell und es gelang mir relativ leicht, mich an meinem neuen Wohnort einzuleben. Dabei genoss ich die Nähe zu den Bergen und den vielen Seen um mich herum und war froh, mit dieser mutigen Entscheidung meinem Leben eine vollkommen neue Richtung gegeben zu haben.

Bei all diesen äußerlichen Annehmlichkeiten war es jedoch vor allem die große Nähe zu Kurt, die mir in dieser Zeit am meisten Freude bereitete, entwickelte sich so doch zu meiner stillen Begeisterung tatsächlich ein privater Kontakt, der mir in diesen herausfordernden Zeiten über so manch schwere Stunde hinweghalf.

Anfangs noch eher verunsichert angesichts der Tatsache, einem Meister wie ihm einfach so am Wohnzimmertisch gegenüberzusitzen, gewöhnte ich mich im Zuge der kommenden Einladungen schnell an den von Kurt und Susanne gelebten liebevollen Umgang, den sie nicht nur untereinander pflegten, sondern mit dem sie auch mir begegneten.

Dabei beobachtete ich oft, wie sehr sich die beiden liebten, und genoss den Eindruck einer durchweg glücklichen Partnerschaft, die mir so zum Vorbild wurde.

Hatte ich bisher ohne bestimmten Anlass geglaubt, Kurt lebe ein eher in sich gekehrtes und der Welt abgewandtes Leben, so stellte ich jetzt bei all den Gesprächen, die wir miteinander führten, zu meiner Verwunderung fest, wie weltgewandt und gebildet dieser Mann in Wirklichkeit war, kannte er sich doch nicht nur gut mit Politik und dem aktuellen Tagesgeschehen aus, sondern interessierte sich generell für alles, was um ihn herum passierte — seien es nun die neuesten Erkenntnisse aus der Wissenschaft oder aber auch nur die im Kino gerade laufenden Blockbuster.

Anfangs noch eher zurückhaltend, überwand ich im direkten Kontakt mit ihm allmählich meine Schüchternheit und suchte nun aktiv immer mehr die Nähe dieses außergewöhnlichen Mannes, den ich von Treffen zu Treffen mehr für das, was er lebte, bewunderte.

Und dabei ging es mir noch nicht einmal so sehr um die stets neuen Erkenntnisse, mit denen er mich fortlaufend überraschte, sondern vor allem um jene ihm eigene Freude am geistigen Fortschritt anderer sowie seine nahezu übermenschlich wirkende Fähigkeit, im normalen Alltag selbst mit schwierigsten Situationen souverän umzugehen.

Bei fast allen der Gelegenheiten, bei denen wir uns privat trafen, lachten wir viel, und so verstand ich, dass ein geistiger Weg, wie der von Kurt gelebte, neben all der erforderlichen Ernsthaftigkeit auch einiges an unbeschwerter Leichtigkeit enthält und Humor in der Betrachtung der eigenen Themen eine ganz entscheidende Rolle spielt.

Ganz besonders genoss ich es dann, wenn Kurt im Laufe des Abends irgendwann anfing, über geistige Themen zu sprechen, vermittelte mir dies doch einen wunderbaren Eindruck von der großen Natürlichkeit dieses besonderen Weges selbst im Alltag.

Hatte ich vor unserem ersten Treffen noch Angst, unser Gespräch könnte ins Stocken geraten, so war ich mir bald sicher, dass dem wohl nie so sein würde, gab es doch Dutzende Themen, über die wir uns hätten austauschen können.

Was ich damals noch nicht einmal im Ansatz ahnte, war, dass aus diesen ersten Treffen die wohl außergewöhnlichste Freundschaft meines Lebens werden sollte – eine Freundschaft, derer ich mich überaus glücklich schätze.

Die Abschiede einer Lehre

Der Wandel, den Kurts Lehre aufgrund seiner eigenen geistigen Entwicklung im Zuge der von ihm durchlebten Erfahrungen ständig durchlief, machte natürlich nicht bei der bloßen Anpassung von Übungen halt, sondern erstreckte sich in seinem ganzen Ausmaß sowohl auf die von ihm vermittelten Inhalte als auch auf die gesamte Art und Weise, wie er diese versuchte anderen näherzubringen.

Im Laufe der Zeit hatten sich so die von Kurt angebotenen Veranstaltungen derart stark verändert, dass wir nicht länger durch die unterschiedlichen Glaubenssysteme der Welt reisten, sondern uns ganz konkreten Themen alltäglicher Meisterung widmeten.

Doch kaum waren auch diese Veränderungen eingeführt, musste Kurt – aufgrund eigener, wohl sehr prägender Erfahrungen – seine Lehre erneut umstellen und konzentrierte sich nun ausschließlich auf jenen Weg westlicher Hermetik, den er selbst bereits seit Jahrzehnten beschritt, ihn sich in seiner Vermittlung jedoch bisher nicht zugetraut hatte.

Während diese drastische Änderung für andere möglicherweise ein Schock war und sie sich nun auch wegen des Wegfallens schamanischer Rituale von Kurt und seiner neuen Lehre distanzierten, freute ich mich über diese Entwicklung sehr, entsprach dieser Weg der von Kurt und Franz Bardon vermittelten Lehre doch genau dem, was ich mir unter geistiger Entwicklung vorstellte.

Basis dieser seit Jahrtausenden vermittelten Lehre bildeten dabei die sogenannten Geheimen Wissenschaften der Magie, Alchemie, Astrologie sowie Kabbalah, deren Verborgenheit sich jedoch nicht (wie so oft fälschlicherweise angenommen) auf eine durch einzelne Personen oder Gruppen zurückzuführende Geheimhaltung bezog, sondern sich allein darauf gründete, dass unreifen Geistern die dabei vermittelten Inhalte aufgrund nicht ausreichend entwickelter Persönlichkeit sowieso verwehrt blieben.

Macht man sich dann die Mühe und betrachtet diese seit Urzeiten von den Weisen des Abendlandes praktizierte Geisteswissenschaft in ihrem ursprünglichen Sinn einmal genauer, so entpuppt sich die Magie als Lehre der vollkommenen Beherrschung des eigenen Geistes, die Alchemie als die das eigene Wesen transformierende Veredelung, die Astrologie als Kenntnis des Zusammenspiels zwischen Mikrokosmos und Makrokosmos sowie schließlich die Kabbalah als höchste Form gottgleichen Wirkens in unserem Universum.

Sah ich in Anbetracht dieser faszinierenden neuen Betätigungsfelder nun andere sich abwenden, so hatte ich meine Probleme, dies auch nur im Ansatz nachzuvollziehen, begann ich mich doch zu fragen, wie wenig diese Menschen in Wirklichkeit von dem begriffen hatten, was Kurt in jeder seiner Veranstaltungen auch bisher gelehrt hatte.

Ich zumindest fühlte mich – endlich befreit von all dem schamanischen Tun – wohler als je zuvor und freute mich auf das, was die Zukunft für mich bereithielt.

Authentizität und geistige Entwicklung

Schon oft hatte ich nun meine Freizeit mit Kurt und Susanne verbracht und war so über die Monate in den vermutlich seltenen Genuss gekommen, mir ein eigenes Bild von dem machen zu können, was in Wirklichkeit das Leben und den Alltag eines Meisters wie Kurt bestimmte.

Wie nicht anders zu erwarten, bestand der überwiegende Teil seines Tages aus geistigen Übungen, Meditationen sowie dem Studium unterschiedlichster Texte, dem er natürlich nicht nur wie ich einige Minuten widmete, sondern über Stunden hinweg seine volle Aufmerksamkeit schenkte.

Hinzu kam, dass er dieses bereits an sich schon beeindruckende Pensum geistiger Arbeit mit voller Hingabe und aus tiefstem Herzen absolvierte und ich mich an keine einzige Situation erinnern kann, in der er sich über die Größe seiner Aufgabe oder die sich durch seine Arbeit einstellenden Bewältigungsprozesse beschwerte – und das selbst dann nicht, wenn diese zum Teil gravierende Auswirkungen auf sein Leben hatten.

Natürlich verstand ich dabei kaum, welch große Herausforderungen sich dieser Mann jeden einzelnen Tag auferlegte, erkannte jedoch anhand der sich in seinen Gesichtszügen abzeichnenden Anstrengung mitunter sehr wohl, wie sehr ihn dies alles in seiner Kraft beanspruchte.

Eine Bestätigung für diese Vermutung erhielt ich zumeist dann, wenn Kurt bei unseren Treffen seine neuesten Erkenntnisse oder Einsichten mit mir teilte und ich oft tief beeindruckt von der Geschwindigkeit seiner Fortschritte kaum dazu kam, die auf mich einprasselnden Informationen in einen irgendwie begreifbaren Zusammenhang zu bringen. Nicht nur einmal geriet so mein bis dahin geltendes Weltbild gehörig ins Wanken, und schnell wurde mir klar, wie viel es auf diesem Weg geistiger Vervollkommnung für mich noch zu lernen gab.

Angesichts dieser in meinen Augen überaus schnellen Weiterentwicklung von Kurt und den sich daraus ergebenden Fortschritten fiel mir vor allem das große Maß an Bescheidenheit auf sowie die ihm eigene freundschaftliche Normalität, mit der er mir und allen anderen um sich herum begegnete.

Nie stellte er sich selbst als Person in den Vordergrund oder bezeichnete sich gar als fortgeschritten.

Viel lieber betonte er dann schon die beeindruckende Größe der Meister vor ihm und versuchte mir anhand einfacher Beispiele die wahre Länge des noch vor ihm liegenden Weges näherzubringen.

Hatte ich bisher gerne einmal geglaubt, das Leben eines Meisters sei einfacher als das normaler Menschen, so wurde ich nun eines Besseren belehrt, waren es doch abgesehen von einem nahezu übermenschlichen Übungspensum und der hierfür erforderlichen Disziplin vor allem vermeintliche Randerscheinungen eines normalen Alltags, die sich in ihrer Bewältigung als große Herausforderungen zeigten. So galt es zum Beispiel die sich durch die Ausbildung des Geistes automatisch entwickelnde Sensibilität zu meistern, die Kurt zwar auf der einen Seite dazu befähigte, jene wunderbare Arbeit, die er tat, überhaupt erst machen zu können, die jedoch auf der anderen Seite vor allem im Kontakt mit Menschen, die geistigem Fortschritt weniger zugeneigt waren, zu großen Herausforderungen führen konnte.

Hatte ich bisher noch angenommen, seine Gelassenheit und Ruhe resultierten aus einer wie auch immer gearteten Unberührbarkeit, so lernte ich nun im direkten Kontakt mit ihm, wie wenig dem so war, entschied doch ausschließlich die Meisterung des eigenen Geistes sowie die der eigenen Seele, wie angenehm oder unangenehm sich Situationen entwickelten.

Nicht nur einmal konnte ich dabei unmittelbar beobachten, wie Kurt sich auch im Alltag in seinen

Bestrebungen den Maximen seiner Lehre freiwillig und vor allem aus vollem Herzen unterordnete.

Dies beeindruckte mich dann stets sehr, entsprach es doch genau dem, was ich mir unter einer authentischen Vermittlung geistiger Inhalte vorstellte.

Vor allem seine Fähigkeit, andere Menschen in ihrem Verhalten und Wesen jederzeit erkennen zu können, machte meinem Selbstverständnis oft zu schaffen, wusste er doch bereits nach kürzester Zeit, wie es mir gerade ging und was mich beschäftigte.

Besonders zu Beginn unserer Freundschaft gab es da so manch einen Moment, in dem es mir lieber gewesen wäre, er könnte weit weniger sehen, empfand ich mich im Gegensatz zu ihm doch als grob und unreflektiert. Ihm selbst lagen derartige Gedanken natürlich fern und nie wäre er auch nur im Ansatz auf die Idee gekommen, mich für meinen Entwicklungsstand zu verurteilen.

So sehr sich die Realität von Kurts Alltag im Generellen mit meinen Vorstellungen eines Meisters zu decken schien, so wenig traf dies auf andere Aspekte zu.

Bisher noch unsicher, ob jemand wie er nicht doch mit einem vollkommen ausgebildeten Geist auf die Welt kommt, stellte ich nun immer öfter fest, dass Kurt in seinen Übungen ganz im Gegenteil sogar die selben oder zumindest im Großteil ähnliche Stufen wie ich zu bewältigen hatte, dies jedoch in einer Geschwindigkeit tat, die weit über meine eigene hinausging.

Ich begann nun auch in der Praxis anhand realer Beispiele zu sehen, dass nicht (wie lange von mir vermutet) eine privilegierte Geburt den Unterschied zwischen uns Menschen ausmacht, sondern vor allem die eigene Bereitschaft, diszipliniert und ohne Ablenkung an sich zu arbeiten – auch wenn natürlich die Auswirkungen vorheriger Handlungen über die normalen Lebensgrenzen hinaus Einfluss auf das eigene Schicksal nehmen.

Vor allem diese Einsicht der eigenen Verantwortlichkeit beeindruckte mich stets aufs Neue, verstand ich doch, wie weit entfernt ich selbst von derlei geistigen Errungenschaften war.

Eine weitere dieser Fehleinschätzungen bezog sich auf das Bild eines Meisters, das ich mir anhand der vielen Bücher, die ich weiterhin gerne las, zusammengezimmert hatte, zeigte sich Kurt doch in seinem Charakter überraschend individuell und bediente in keiner Weise jene in unserer Gesellschaft gängigen Klischees.

Dies zeigte sich vor allem darin, dass er nicht lediglich (wie bei Religionsführern gemeinhin üblich) eine begrenzte Zahl an Tugenden in sich vereinte, sondern neben Liebe und Weisheit auch jene Macht ausstrahlte, die einen wahren Meister wie ihn nun einmal ausmacht.

Diesen feinen, jedoch alles entscheidenden Unterschied geistiger Entwicklung auch für mich zu erkennen, dauerte Jahre, und selbst heute noch tue ich mich schwer, die wahre Größe eines Meisters wie Kurt in ihrer wirklichen Tragweite zu erfassen.

Zu all diesen Beobachtungen kam für mich noch die Erkenntnis hinzu, dass es auf dem von Kurt vermittelten Weg nicht, wie bisher von mir angenommen, darum ging, die eigene Individualität aufzugeben, sondern ganz im Gegenteil darum, diese im Sinne einer geistigen Vervollkommnung zu perfektionieren, was sich jedoch nicht – wie oft fälschlicherweise geglaubt – auf eine wie auch immer geartete Durchsetzung eigennütziger Interessen bezieht, sondern einzig der Ausbildung des Willens, Fühlens, Intellekts und somit des Bewusstseins dient. Anstatt also nur in der eigenen Anlage oder einer wie auch immer gearteten einseitigen Charaktereigenschaft aufgehen zu wollen und dieser aufgrund der dafür notwendigen Hingabe alleinige Gültigkeit zu verleihen, ging es in der von Kurt vertretenen Lehre vor allem darum, Liebe, Macht und Weisheit gleichermaßen zu entwickeln, um somit die Unsterblichkeit eigenen Seins zu verwirklichen.

Was dabei als Eigenart eines jeden Einzelnen blieb, waren jene individuellen Vorzüge, die den Kreislauf des Lebens und Sterbens überdauernd die wahre Persönlichkeit desjenigen bildeten, der so weit in seiner Entwicklung gekommen war.

Bei Kurt selbst nun zeigte sich diese Individualität in ganz bestimmten Eigenschaften, die sich wohl am besten mit seinem schier unstillbaren Drang nach Höherem, dem hartnäckigen, jedoch immer umsichtigen Verfolgen eigener Ziele sowie einem überaus empfindsamen Sinn für Gerechtigkeit beschreiben ließen. Diese individuellen Anlagen betrafen natürlich nicht nur seinen eigenen geistigen Weg, sondern zogen sich als das ihm eigene Wesensgefüge durch seinen gesamten Alltag – eine Tatsache, die sich vor allem darin zeigte, dass er in seinen Bemühungen nie stillzustehen schien und selbst in Pausen der Erholung immer mit irgendetwas (wie der Überarbeitung seiner Homepage oder dem Beantworten von Emails) beschäftigt war.

Besonders sein Sinn für Gerechtigkeit war es, der mich in unseren privaten Gesprächen immer wieder überraschte, vermochte er es doch in Verbindung mit der ihm eigenen Weisheit, tagesaktuelle

Geschehnisse in derart komplexe und vor allem zeitübergreifende Zusammenhänge zu bringen, dass mir dabei nicht nur einmal meine kurzsichtige Engstirnigkeit in der Betrachtung der mich umgebenden Welt vor Augen geführt wurde.

Schnell lernte ich vor allem dabei, wie tief und unendlich vielschichtig die Realität in ihrer ursächlichen Schöpfung war, und begann mir jene dem Weg geistiger Entwicklung eigene Differenziertheit einer sich ändernden Weltsicht zunehmend und aus tiefstem Herzen herbeizusehnen.

So einzigartig in ihrer Ausprägung und Meisterschaft Kurts gesamte Persönlichkeit war, so menschlich zeigte er sich in anderen Momenten.

Da blieben schon mal die Socken vom Vorabend unbeachtet neben dem Sofa liegen oder es gelang ihm, einem Wirbelsturm gleich, eine wahre Flut an Krümeln über den Esstisch zu verteilen. Auch Kurts Vorliebe für Kaffee und Kuchen hatte bereits Kultstatus erlangt und kaum jemand von uns besuchte ihn, ohne vorher etwas aus der Konditorei besorgt oder sogar selbst gebacken zu haben.

Für mich war bei diesen menschlichen Alltäglichkeiten vor allem beeindruckend zu sehen, dass selbst ein Meister wie er seine Persönlichkeit behielt und nicht uniform erleuchtet der Unsterblichkeit zustrebte.

Das, was mir – neben all den geistigen Einsichten, die mir Kurt vermittelte – von unseren Treffen am meisten in Erinnerung blieb, waren stets die schönen Momente, in denen wir das Leben in seiner Unbeschwertheit betrachteten. Nicht selten lachten wir dann sehr, wenn wir es bedingt durch unsere Herkunft mit so ernstzunehmenden Themen wie der exakten Bezeichnung von Klebestreifen zu tun hatten oder gar die wirklichen Unterschiede zwischen Susannes schwäbischen Maultaschen und Kurts Ostiroler Schlipfkrapfen zu ergründen suchten. Da konnte es dann schon einmal vorkommen, dass ich mich auf die Position der Schweiz zurückzog, hatte ich doch keine Lust, zwischen derart ernst zu nehmende Fronten zu geraten.

Insgesamt betrachtet stellte mich meine Beziehung zu Kurt, sei es nun die zum Lehrer oder die zum Freund, gerne einmal vor Herausforderungen, wurde ich im Kontakt mit ihm doch stets mit der mir eigenen Unvollkommenheit konfrontiert – eine geistige Tatsache, die ich erst nach einiger Zeit in ihrem wirklichen Ausmaß zu verstehen begann.

Kurt dagegen kam dem, was ich mir unter menschlicher Perfektion vorstellte, stets sehr nah, und auch wenn er selbst das nicht so sah, hielt ich ihn doch für alles andere als normal und gewöhnlich. Egal, wo wir auch waren – stets wirkte er gelassen und reagierte auch dann noch angemessen, wenn andere längst die Fassung verloren hatten.

Innerlich zog ich bei solchen Gelegenheiten natürlich meine Vergleiche, und nicht selten wäre ich nicht einmal ansatzweise in der Lage gewesen, ähnlich souverän mit derartigen Gegebenheiten umzugehen.

Hinzu kam, dass er bei nahezu allem, was er sagte, entweder bereits von Anfang an Recht hatte oder sich über die Zeit herausstellte, dass er mit seiner Einschätzung richtiggelegen hatte – und das selbst dann, wenn es um Themen ging, bei denen ich ihm kein tiefergehendes Wissen zugetraut hätte.

Vor allem das faszinierte mich dann zutiefst, zeugten seine Sichtweisen doch von wahrhaftiger Weisheit und einem Weitblick, den ich so von keinem anderen lebenden Menschen kannte.

Immer wenn sich bei mir im Anschluss an derartige Erfahrungen eine Art Guru-Verehrung anzudeuten begann, wehrte Kurt den Anfängen und lenkte mit dem Hinweis, sein Verhalten spiegele lediglich eine bestimmte, für jedermann erreichbare Entwicklungsstufe menschlichen Bewusstseins wider, meine Bewunderung weg von sich als Person und hin zu einem Weg geistiger Verwirklichung.

Mit der Zeit lernte ich so diesen beeindrucken-
den und in meinen Augen außergewöhnlichen
Mann immer besser kennen und begriff, wie sehr
sein Alltag selbst von dem geprägt war, was er in
seinen Seminaren versuchte anderen beizubringen.

Er lebte halt genau das, was er lehrte.

Die richtige Unterscheidung

So unbeschwert und schön diese mit Kurt und
Susanne verbrachten Stunden auch waren, so herausfordernd gestaltete sich mein beruflicher Alltag,
wollte doch meine Praxis trotz vieler Ideen einfach
nicht ins Laufen kommen.

Als besonders belastend erwies sich in diesem
Zusammenhang meine finanzielle Situation, da sich
der mir bewilligte Gründungszuschuss dem Ende
zuneigte.

Die sich daraufhin einstellende Existenzangst
war intensiver, als mir lieb war, und langsam aber
sicher begann mir zu dämmern, welch große Herausforderung ich mir durch meinen abrupten Aus-
stieg aus der Beratung in Wahrheit auferlegt hatte.
Die Tage, die mit der Bewältigung dieser Unwägbarkeiten vergingen, machten mir sehr zu schaffen
und oft sehnte ich mich nach Erleichterung. Vor
allem in diesen Momenten gehörten dann jene

wohlmeinenden Warnungen, mit Kurt und der von ihm vermittelten Hermetik auf keine Sekte hereinzufallen, zu den eher kurzweiligen Abwechslungen, über die ich mich wenn schon nicht freute, so doch wenigstens aufrichtig amüsierte.

Halt in derartigen Augenblicken der Herausforderung gab mir stets die Beschäftigung mit Geistigem, wusste ich doch in ihr jenen einen besonderen Ausweg gefunden zu haben, nach dem ich so lange gesucht hatte. So unverzagt wie möglich stellte ich mich deshalb all den Aufgaben, die auf einem Weg geistiger Entwicklung zu bewältigen waren, und freute mich über jede Erleichterung, die zu verschaffen ich mir so in der Lage war.

Als die wohl höchste aller Wissenschaften des Geistes hielt natürlich auch die von Kurt vermittelte Hermetik einige Aufgaben für mich bereit.

Besonders die unablässige Konfrontation mit der mir eigenen Unvollkommenheit verlangte mir einiges ab, verhinderte diese doch im Falle einer weiteren Unbewusstheit mein Voranschreiten auf dem Weg.

Auch das in der Einweihungslehre vermittelte Konzept, dem geschriebenen Wort erst dann Glauben zu schenken, wenn sich dessen Wahrheitsgehalt durch eigene Überprüfung praktisch bestätigt hatte, stellte mich und meinen auf akademische

Recherche vertrauenden Intellekt vor zum Teil unlösbar wirkende Aufgaben.

Auf diese Weise vollständig auf mich und meine eigenen Fähigkeiten zurückgeworfen, irritierten mich nahezu alle auf dem Markt erhältlichen hermetischen Schriften sehr, gingen sie doch mit geradezu hanebüchenen Lehrmeinungen hausieren.

Schnell begann ich deshalb zu ahnen, welch unschönen Gegebenheiten es schlussendlich zu verdanken war, dass die von Kurt so seriös vermittelte Lehre, die sich auf die selben Ursprünge eines Hermes Trismegistos berief, über die Jahrhunderte hinweg in Verruf hatte kommen können.

Um in meiner Suche nach Klarheit nicht vom Weg abzukommen, versuchte ich mich deshalb von diesen unsinnigen und mitunter in die Irre führenden Ansätzen so wenig wie möglich aus der Ruhe bringen zu lassen und hielt mich im Zweifelsfall stets an Kurt und seine Lehre.

Mystische Erfahrungen

Schlussendlich waren es jedoch nicht diese eher nüchternen Ausformungen eines geistig orientierten Alltags, die mich bei all den Unwägbarkeiten stets motivierten weiterzumachen, sondern vor allem jene herausragenden Erlebnisse mystischer

Natur, die sich in unregelmäßigen Abständen, aber immer öfter einzustellen begannen.

Innerlich noch nicht gefestigt, wie mit solchen Ereignissen umzugehen war, hegte ich zwar auf der einen Seite Zweifel, ob das, was mir widerfuhr, mein Leben zu ändern vermochte, freute mich jedoch auf der anderen sehr, stets aufs Neue in den Genuss eines derartigen Erlebnisses gekommen zu sein.

So erinnere ich mich an jene Nacht, in der sich mein Traum für mich klärte und ich im Gegensatz zu meinen sonstigen Übungsversuchen auf einmal hochkonzentriert in der Lage war, ein und denselben Gedanken in meinem Geist auch dann aufrecht zu erhalten, als unerwünschte Ablenkungen mit verstärkter Intensität versuchten, meine Aufmerksamkeit auf sich zu ziehen. Vollkommen hingerissen von dem Gefühl, Herr Meiner Selbst zu sein, genoss ich die grenzenlose Freiheit und den Raum, der sich in meinem Inneren öffnete.

Ich erkannte das große Potenzial an Möglichkeiten, das sich in dieser Erfahrung verbarg, und mir wurde bewusst, wie leicht es in Wirklichkeit sein konnte, sich mit Hilfe eines ausgebildeten Geistes zu konzentrieren.

Gerade als ich mich an die Schönheit dieses Zustandes zu gewöhnen begann, machte es einen

Ruck und ich erwachte in meinem Bett. Noch zutiefst irritiert von diesem Erlebnis versuchte ich
erneut, jene Fähigkeit der Konzentration in mir
wachzurufen, scheiterte jedoch eher kläglich und
musste mir eingestehen, diesen Zustand weniger als
Erfahrung meiner aktuellen Entwicklung erlebt
denn in Form einer Einweihung als Geschenk erhalten zu haben.

Am nächsten Tag über die Ereignisse der vergangenen Nacht reflektierend, verstand ich nun,
wie wichtig die Mystik als Wegweiser zukünftiger
Zustände auf einem Weg der geistigen Entwicklung
war und welch großes Potenzial an Verbesserung
noch in mir schlummerte.

Auch erkannte ich, dass sich solche außergewöhnlichen Erfahrungen wie ein roter Faden durch
die Zeitalter zu ziehen schienen, und wurde mir der
Parallelen zwischen diesem einen besonderen von
Kurt vermittelten Weg und all den anderen Ein-
weihungsrichtungen unseres Planeten bewusst.

Froh, mir damit nun ein etwas besseres Bild von
den Meilensteinen meines Weges machen zu können, erinnerte ich mich unvermittelt an ein weiteres
dieser Erlebnisse, welches mir mit nicht einmal
zehn Jahren widerfahren war: Es war noch abends
vor dem Einschlafen, als ich bereits in meinem Bett
liegend meine Füße betrachtete und mit klarer

Deutlichkeit erkannte, wie faszinierend es in Wirklichkeit war, diese genau dann bewegen zu können, wenn ich es wollte.

Überwältigt von der Fähigkeit, Herr meines Körpers zu sein, genoss ich das sich einstellende Gefühl vollendeter Freiheit. Selbst in diesem jungen Alter verstand ich schon, dass dies nichts Falsches sein konnte, und schlief mit der Empfindung unendlicher Geborgenheit leise in mich hineinlächelnd ein.

Der nächste Morgen kam und mit kindlicher Selbstverständlichkeit erlebte ich den Tag, ohne mir Gedanken über die Geschehnisse der letzten Nacht zu machen.

Diese schöne Erinnerung meiner Kindheit sowie das Erleben umfassender Konzentration motivierten mich sehr und ließen mich fast schon daran glauben, in Bezug auf die Mystik den Bogen herauszuhaben, als mich eine weitere Einweihung zurück auf den Boden der Tatsachen holte.

Es war wieder einmal abends, als ich mit geschlossenen Augen auf meinem Bett liegend beobachtete, wie mein Körper immer schwerer wurde und langsam unter mir wegdriftete. Ohne dass ich die Augen öffnete, klärte sich die Sicht und ich erblickte in der Ferne eine schummrig graue Kugel, die mit ungeahnter Geschwindigkeit auf mich zuraste. War diese Kugel an sich kein wirkliches Problem, so irritierte mich doch die Art ihrer Fortbewegung sehr, da sie, anstatt sich aus eigener Kraft zu bewegen, von irgendetwas in meinem Inneren mit erschreckender Bestimmtheit magnetisch angezogen wurde. Verzweifelt und in der Ahnung, wie unangenehm dies alles für mich werden könnte, versuchte ich, diese unsichtbare Bindung zu lösen, doch was ich auch tat, nichts schien diese Kugel zu verlangsamen oder gar ganz von mir abbringen zu können.

Wie gelähmt beobachtete ich diese schaurig wabernde Masse, die mir mit einem Ruck in den Solarplexus fuhr, nur um mich im selben Moment mit einem Gefühl umfassender Beklemmung zu überschwemmen.

Es dauerte die ganze restliche Nacht und einen Gutteil des nächsten Tages, bis es mir gelang, jenes unangenehme Gefühl wieder loszuwerden.

Diese Erfahrung ließ mich aufhorchen.

Und auch wenn ich auf Ereignisse wie dieses natürlich nicht erpicht war, erkannte ich doch, dass es mehr gab, als das, was Augen sehen.

Nach und nach wurde mir klar, dass es möglich war, von Gefühlen infiziert zu werden, und ich fragte mich deshalb, wie oft mir derartiges auch sonst passierte.

Ich erkannte, wie wichtig es war, feinstoffliche Realitäten besser kennenzulernen und nahm mir vor, von nun an noch intensiver mein Bestes zu geben.

Die Macht der Bindung

Bezogen auf meinen ganz normalen Alltag gab es vor allem beruflich einige Herausforderungen zu bewältigen, denn mein Vorhaben, eine eigene Praxis als Heilpraktikerin für Psychotherapie zu betreiben, war aufgrund finanzieller Engpässe nun endgültig gescheitert.

Aus der Not heraus beschloss ich deshalb, mich erneut bei Unternehmen zu bewerben, und entschied mich für Tätigkeiten als Assistentin, fest davon überzeugt, auf diese Weise sozialverträglicher als in meiner bisherigen Anstellung als Beraterin Gutes tun zu können.

Motiviert und voller Tatendrang schrieb ich also Bewerbungen, war dabei jedoch wenig erfolgreich, denn Absage reihte sich an Absage. Das Einzige, was mir übrigzubleiben schien, war, eines jener ethisch fragwürdigen Jobangebote anzunehmen, die sich ohne mein Zutun allein aufgrund von Online-profilen automatisch in meinem Postfach einstellten.

Fest entschlossen, diesen Sirenen auf keinen Fall nachzugeben, suchte ich Hilfe bei Kurt, indem ich ihm bei einem unserer Treffen von den vielen erfolglos verlaufenen Bewerbungen erzählte sowie von den ohne mein Zutun erhaltenen Jobangeboten, die anzunehmen mir jedoch aus moralischen Gründen unmöglich erschien. Ich sprach von meinen Bedenken, durch unbewusstes Verhalten selbst die Schuld an dieser Misere zu tragen und bat ihn darum, mir bei der Klärung dieses Themas zu helfen.

Sonst ohne drängende Veranlassung nicht in das Leben anderer Menschen eingreifend, versuchte Kurt in Anbetracht meiner Bitte nun doch, den wahren Ursprung jener geistigen und seelischen Gegebenheiten zu finden, die mich überhaupt erst in diese Lage versetzten, und kam nach einigen Momenten der Einkehr zu folgendem Urteil: Der Ursprung meiner beruflichen Probleme vor allem in Bezug auf jene unmoralischen Jobangebote liege im Übergang eines entsprechenden Charakterzuges von meinem Großvater auf mich, der sich geistigen Gesetzmäßigkeiten folgend kurz nach dessen Tod genau dann ereignet habe, als ich dem Leichnam meines Großvaters die letzte Ehre erwiesen hätte.

In meinem Fall beträfe dieser übernommene Charakterzug vor allem die von meinem Großvater empfundene überzogene Wertigkeit von Geld, mit der er – sich selbst über Moral und Ethik stellend – in seinem Leben auch jene Mittel zum Zwecke materieller Verwirklichung gerechtfertigt hätte, die mir in meiner Wahrnehmung verwerflich erschienen. Durch den Tod meines Großvaters seines Zuhauses beraubt, hätte dieser an die Grobstofflichkeit gebundene Charakterzug in seinem Kampf ums Überleben bedingt durch meine Bindung an diesen Mann Zuflucht bei mir gesucht und sei so Bestandteil von mir geworden.

Dies zeige sich vor allem darin, dass ich Personen und Unternehmen anzöge, deren Gewinnerzielungsabsichten meinem eigenen Gewissen widersprächen.

Phänomene wie diese würden, so Kurt, selten bewusst wahrgenommen, kämen jedoch weit häufiger vor als erwartet. Es gäbe eine Vielzahl an Fällen, in denen Hinterbliebene plötzlich Eigenschaften zeigten, die, ihnen bisher nicht eigen, vormals den Charakter des Verstorbenen geprägt hätten.

Eine Möglichkeit mir zu helfen bestünde in einer geistigen Heilung, in der die am Todestag meines Großvaters entstandene Bindung zu diesem Charakterzug wieder aufgelöst werden müsste.

Vollkommen entgeistert vernahm ich die Worte, die Kurt sprach, tat mich jedoch in Anbetracht der offensichtlichen Überweltlichkeit seiner Erklärung ganz besonders schwer damit, diesen auch Glauben zu schenken. Kurt selbst schien meine Reaktion jedoch wenig aus der Ruhe zu bringen, denn ohne den geringsten Zweifel blickt er mich unverwandt an und versicherte erneut, mir in dieser Situation helfen zu können.

Ich überlegte, was ich zu verlieren hatte.

Eigentlich nichts! Also bat ich ihn um seine Hilfe und wir vereinbarten einen Termin.

Wenige Tage später saß ich ihm auch schon gegenüber und blickte erwartungsvoll auf das, was kommen sollte.

Zurückgezogen in eine Welt, zu der ich selbst noch keinen Zugang hatte, richtete sich Kurts Blick auf einen Punkt jenseits der normalen Wahrnehmung und die Stimmung im Raum veränderte sich. Kurze Zeit später kehrte er mit seinem Bewusstsein zurück und versprach – meine Erlaubnis vorausgesetzt –, nun diese Bindung für mich aufzulösen.

Leichtfertig und wahrscheinlich auch etwas überheblich stimmte ich zu, glaubte ich aufgrund meiner generellen Skepsis geistiger Heilung gegenüber doch nicht ernsthaft daran, dadurch etwas in meinem Leben ändern zu können.

Unterstützt von streichenden Handbewegungen und einem ins Unbekannte gerichteten Blick begann Kurt nun mit Hilfe seines Geistes, ein imaginatives Etwas in zwei Teile zu trennen. Als er damit fertig war, forderte er mich auf, mir meinen Großvater vor mir stehend vorzustellen, um mich nun endgültig von ihm zu verabschieden. Unsicher, inwiefern eine derartige Vorstellung den Unterschied machen konnte, versuchte ich Kurts Anweisungen Folge zu leisten, musste jedoch feststellen, wie schwer mir dies fiel.

In dem Gefühl, eigentlich Schweißperlen der Anstrengung auf meiner Stirn haben zu müssen, riss ich mich in Anbetracht meiner gerade erkannten Unfähigkeit nun doch am Riemen und bemühte mich sehr, die mir gestellte Aufgabe so gut es ging zu erfüllen.

Und siehe da, es gelang!

Was ich dann erlebte, überraschte mich sehr.

Denn anstatt, wie vermutet, keinen Unterschied zu spüren, durchströmte mich nun ein Gefühl umfassender Ruhe sowie tief empfundener Leichtigkeit, fast so, als wäre mir eine Last genommen worden.

Vollkommen überwältigt von dieser sehr realen Empfindung blickte ich zurück zu Kurt, der mich nun anlächelte und mir, offensichtlich zufrieden mit dem Ergebnis, eine relativ sorgenfreie berufliche Zukunft voraussagte.

Das Buch der Wandlungen

Eine der wohl größten Herausforderungen meines geistigen Weges war neben all den anderen Aufgaben vor allem die Meisterung jener hart erkämpften Freiheit eigener Willensentfaltung, um die ich in meinem Streben nach Vollendung so hart und unnachgiebig rang.

Waren mir Entscheidungen (bedingt durch gesellschaftliche Konvention) bis vor meiner Kündigung noch leicht gefallen, so erwies sich nach meinem Entschluss für Geistiges jede einzelne von ihnen als wahre Herausforderung, wollte ich meinem sich zum Guten wendenden Schicksal doch nicht selbst im Wege stehen.

Aus diesem Grund suchte ich stets nach einem sinnvollen Ausweg aus diesem Dilemma und freute mich sehr, als mir Kurt bei einem meiner Privattermine das Legen und Interpretieren des *I Ging* näherbrachte. Dieses System fernöstlicher Weisheit, das auch *Buch der Wandlungen* genannt wird, zeigte sich mir dabei zu meiner großen Überraschung als ein in den universellen Schöpfungsgesetzen verankertes und somit überaus zuverlässiges Orakel, das Einblicke in jene Zusammenhänge menschlichen Tuns zu gewähren versteht, die Gegenwart und Zukunft wahrheitsgetreu zu verbinden wissen.

Und genau diese beeindruckende und vor allem auch überaus seltene Fähigkeit war es ja, nach der ich suchte.

In der aufrichtigen Hoffnung, durch dieses System erneute Klarheit in meine Entscheidungen bringen zu können, erlernte und übte ich alle dafür erforderlichen Schritte und bemühte mich sehr, in meinen Interpretationen der dadurch erhaltenen Antworten immer treffsicherer zu werden.

Im Laufe der Zeit entdeckte ich so eine mehr als faszinierende Hilfe ursächlicher Herkunft, die selbst nach Jahrtausenden nichts an Aktualität und Eignung eingebüßt hatte, und erkannte Zusammenhänge, die mir in ihrer Komplexität zuvor verborgen geblieben waren.

Entscheidungen fielen mir nun wieder leicht.

Und mit jeder Frage, die ich im Laufe der Zeit stellte, und jeder Antwort, die ich darauf erhielt, stieg gleichzeitig auch meine Fähigkeit, mit meinem Leben in wachsender Freiheit immer besser zurechtzukommen.

Die hermetische Bibliothek

In meiner Beschäftigung mit geistigen Themen stolperte ich immer wieder über Begrifflichkeiten und Sachverhalte, die (oft von anderen verwendet) mir in ihrem praktischen Gehalt nahezu vollständig verborgen blieben. Daher recherchierte ich oft und gerne in den unterschiedlichsten Bereichen oder durchstöberte das Internet, nur um vielleicht dort Näheres zu den mich interessierenden Themen zu erfahren.

Nicht jede meiner Unternehmungen war von Erfolg gekrönt, doch hin und wieder gelang mir ein Coup.

Die für mich im Zuge dieser Suche wohl außergewöhnlichste Entdeckung machte ich, als ich im Internet auf eine ganz spezielle Bibliothek stieß, die vor Jahrzehnten in Amsterdam gegründet beeindruckende zwanzigtausend hermetische Werke vorzuweisen hatte.

Sofort machte ich mich natürlich auf den Weg und fand jenen speziellen Ort in einem unscheinbar wirkenden Haus malerisch in einer kleinen Seitengasse jenseits der Grachten gelegen. Abgesehen von dem an der Tür befestigten Messingschild „Bibliotheca Philosophica Hermetica" wies nichts auf die Besonderheit dieses Ortes hin und so trat ich nach einem kurzen Klingeln mit dem Summen der Tür ein.

Die Regale, die bis zur Decke reichten, waren voll mit Büchern und fasziniert betrat ich den Saal. Sofort machte ich mich daran, meinem Plan folgend zuerst die hermetischen Standardwerke durchzusehen, um im Anschluss daran mittelalterlichen Mystikern einen Besuch abzustatten. Das Ende bildeten dann die Werke der sogenannten Geheimgesellschaften, von denen ich mir nach Jahren des Wunderns endlich ein eigenes Bild zu verschaffen hoffte.

So studierte ich also das Corpus Hermeticum und die Werke eines Paracelsus oder John Dee. Ich las Geschichten großer Persönlichkeiten und entdeckte Enzyklika, die sich einzig den Wundertaten Heiliger verschrieben hatten. Ich untersuchte die Rituale bekannter Logen nach geistformenden Entwicklungen und erarbeitet mir auch sonst einen recht guten Überblick über das, was diese Bibliothek an Wissen zu bieten hatte.

Mit wirklicher Überraschung stellte ich fest, wie tief verankert dieser Weg der Hermetik in der Menschheitsgeschichte seit jeher gewesen war und wie viele große Persönlichkeiten des Westens ihm ein Leben voller Hingabe und Liebe gewidmet hatten.

Und obwohl ich so konzentriert wie möglich an die Sache heranging, vermochte ich nicht einmal im Ansatz all das an Wissen aufzunehmen, was ich mir in einem ersten Plan zurechtgelegt hatte. Die Liste der Bücher, die mich interessierten, wuchs von Tag zu Tag und ich genoss die überwältigende Auswahl, aus der ich schöpfen konnte.

Ich denke, es war bereits der letzte Tag meines Aufenthalts, als ich vertieft in ein weiteres Werk plötzlich innerlich stutzte und mit Bestürzung erkannte, wie wenig praktischen Nutzen für die Meisterung Meiner Selbst in all diesen Werken tatsächlich enthalten war.

Ich war enttäuscht – aufrichtig enttäuscht!

Doch dann durchfuhr mich Erleichterung: Erleichterung, all diese Werke für einen wirklichen Fortschritt nicht zu benötigen; Erleichterung, ausschließlich durch das eigene Üben den Ausschlag geben zu können; und noch viel mehr Erleichterung, in Kurt diesen einen ganz besonderen Lehrer und Meister gefunden zu haben, der mich in meinem Streben nach Erkenntnis unterstützte.

Ohne Bedauern machte ich mich auf den Heimweg.

Ein Ausflug in die Welt der Logen

Vor dem Hintergrund dieser Erkenntnisse widmete ich mich nun mit noch mehr Engagement und Hingabe meinen Übungen. Doch natürlich blieb ich auch weiterhin außerhalb der Lehre von Kurt neugierig, und so führte mich mein abenteuerlustiges Naturell erneut auf Wanderschaft, dieses Mal jedoch auf der Suche nach praktischen Anregungen, die mir geeignet erschienen, mich in meinen Bemühungen über das bisherige Maß hinaus zu unterstützen.

Eines Abends schaute ich mich deshalb erneut im Netz um und stieß dabei auf den Auftritt einer sogenannten Geheimgesellschaft, die offensichtlich gar nicht so geheim war.

Gerne nahm ich Kontakt zu dieser auf, erhielt auch umgehend eine Einladung zum Kennenlernen und machte mich auf den Weg in die nahe gelegene Großstadt.

Die Räumlichkeiten, die ich dann betrat, befanden sich in einem eher schlicht wirkenden Wohnhaus, an dem nichts mysteriös oder gar magisch wirkte. Auch die Mitglieder der Gemeinschaft, die mich herzlich in Empfang nahmen, wirkten normal und machten auf mich nicht gerade den Eindruck, besonders weltverschwörerisch unterwegs zu sein.

Voller Begeisterung erzählten sie von den unterschiedlichsten Angeboten, die mir bei ihnen zur Verfügung standen. Sie sprachen von Tempelarbeit und Ritualen, von Gemeinschaftsabenden und geselligem Beisammensein. Sie stellten mir befreundete Logen vor und berichteten von den Reisen, die sie zu diesen unternahmen.

Insgesamt betrachtet wirkte dies alles sehr bodenständig auf mich und auch gut gemeint – einzig der Vorteil, den mir diese Betätigung im Vergleich zu den Übungen und Einweisungen von Kurt bieten sollte, wollte sich mir einfach nicht erschließen. In meinem Wunsch, noch mehr Klarheit über die tägliche Praxis der Mitglieder zu erlangen, fragte ich deshalb gezielt nach, blickte jedoch in fragende Gesichter, ja bekam im Falle eines Beitritts sogar selbst die Aufgabe angeboten, anderen in dieser Hinsicht weiterzuhelfen.

Freundlich lehnte ich ab.

Selbst als ich eingeladen wurde, mir ihren Tempel, also das Zentrum ihrer geistigen Arbeit, einmal genauer anzusehen, änderte dies nichts an einer sich in meinem Inneren breitmachenden Enttäuschung, gab es hier doch nichts, was auch nur im Ansatz an Kurts Weisheit oder Lehre heranreichte.

Erleichtert und etwas reumütig kehrte ich nach Hause und vor allem zu meinem Lehrer zurück.

Die Auswirkungen einer Heilung

Auch wenn ich selbst meine geistige Heilung bei Kurt schon lange vergessen hatte – mein Leben hatte dies mit Sicherheit nicht.

Veränderungen standen ins Haus, und diese nahmen ihren Anfang, als mir Kurt und Susanne von ihrem Entschluss erzählten, aufgrund der weiterhin ausbleibenden Anmeldungen das Zentrum aufgeben und in einer anderen Stadt neu anfangen zu wollen.

In meinem Alltag und meiner geistigen Entwicklung dadurch ebenfalls betroffen, überlegte natürlich auch ich wieder, Kurt in seinem Weggehen zu folgen, war es doch die große Nähe zu ihm, die mir in Bezug auf meinen geistigen Weg am erfolgversprechendsten erschien.

Mich nach Tagen des Haderns dann tatsächlich zu einem Umzug entschließend, stellte mich die Wahl des Ortes vor echte Herausforderungen, ging es doch zurück in jene Stadt meiner Kindheit und Jugend, der zu entkommen ich mich nach meinem Abitur aufgemacht hatte.

Nun im wahrsten Sinne des Wortes zurück am Ursprung meiner Existenz, nutzte ich die Chance, mich neu zu erfinden und machte mich – trotz mancher Unkenrufe meines Umfeldes – als Freiberuflerin im Bereich der Managementberatung selbstständig.

Froh, mit diesem Entschluss den Bewerbungsabsagen endlich ein selbstgewähltes Ende gesetzt zu haben, widmete ich mich nun voller Tatendrang all den mit einer Selbstständigkeit einhergehenden Aufgaben.

Ich entwickelte also innerhalb kürzester Zeit ein eigenes Unternehmensdesign, beauftragte die Erstellung einer Homepage sowie den Druck ansprechender Werbebroschüren. Ich entwarf Plakate, mietete Werbeflächen und versendete Anschreiben. Und auch wenn ich mir nicht sicher war, ob und inwiefern dies alles eine Rolle spielte, gab ich in meinen Bemühungen nie auf und kämpfte mich selbst durch die Art von Aufträgen, die kaum etwas einbrachten.

Hoffnung in diesen anstrengenden Zeiten gab mir stets jene Prophezeiung von Kurt, die mir ein Leben in beruflicher Sorglosigkeit vorhergesagt hatte.

Einzig der unerschütterliche Glaube einer wirklichen Überzeugung fehlte mir noch.

Dies änderte sich, als eines schönen Tages mein Telefon klingelte.

Eine Kollegin war am Apparat. Es sei die Leitung eines Projektbüros zu besetzen – und ich die Erste, die ihr dafür eingefallen wäre. Bei diesem besonderen Auftrag handle es sich um ein sehr seltenes Angebot, denn der Kunde sei überaus entspannt und die Arbeit enthielte nichts, was in moralischer Hinsicht verwerflich wäre. Einzig Organisationstalent sei gefragt und dieses könne ich – würde ich mich dafür entscheiden – in der Freiheit eigener Gestaltung nach Belieben einsetzen. Darüber hinaus sei der Auftrag auf vier Tage die Woche begrenzt und überdurchschnittlich vergütet.

Meine Überraschung kann man sich vorstellen.

Denn plötzlich war aus einem Wunsch Realität und aus einer Prophezeiung Wirklichkeit geworden.

Schülerin der Einweihung

So positiv sich die Dinge in beruflicher Hinsicht von da ab für mich entwickelten, so schwer wurden die sich an den Umzug anschließenden Monate für Kurt und Susanne.

Ob es nun einzig an der Konzentration auf die Hermetik als von ihm vermittelte Lehre lag oder vor allem daran, dass Kurt aufgehört hatte, schamanische Rituale mit viel Aufsehen zu veranstalten, vermag ich nicht zu beurteilen. Auffallend war jedoch auch für mich, dass vor allem Teilnehmer, die zuvor nicht müde geworden waren, Kurt in seinem Wirken zu loben, ihn nun als Lehrer einfach fallenließen.

Bedingt durch weitere tiefgreifende Erkenntnisse und Einsichten beschloss Kurt deshalb, sich nun vollständig aus der Öffentlichkeit zurückzuziehen und ausschließlich auf eigene Studien zu konzentrieren.

Zwar konnte ich diesen Entschluss mit all seinen möglichen Gründen gut nachvollziehen, doch schockierend fand ich ihn doch.

Mit einiger Besorgnis blickte ich auf die Zukunft.

Da ich aber zu meinem Glück nicht die Einzige war, die sich durch Kurts Entscheidung irgendwie alleingelassen fühlte, entschied er sich doch, zumindest für diejenigen, die einen ernsthaften geistigen Weg gehen wollten, weiterhin zur Verfügung zu stehen – ein Entschluss, der mich wiederum sehr freute.

Wenn ich ihn dann in den auf den Rückzug folgenden Monaten genauer beobachtete, merkte ich, wie sehr er sich zu verändern begann. Blickte ich nun in seine Augen, so sah ich eine Weisheit und Größe, die das, was ich bisher von ihm gewohnt war, deutlich überstiegen. Vor allem Kurts vollständig veränderte Weltsicht aufgrund seiner vielen Übungen und Meditationen faszinierte mich dabei am meisten, kannte ich diese doch sonst nur von Meistern, die das Schicksal ganzer Völker beeinflusst hatten.

Jedes Mal, wenn sich für mich dann die Möglichkeit ergab, eine Privatstunde bei ihm zu ergattern, nahm ich diese mit Freude an und wurde von Einsichten überrascht, die weit über das hinausreichten, was ungeschulte Geister zu verarbeiten in der Lage sind.

Die Monate zogen ins Land und mit jedem unserer Treffen stieg gleichzeitig auch meine Bewunderung für die geistigen Errungenschaften dieses großen Mannes.

Daher machte ich es mir nun zu einem meiner höchsten Ziele, ganz offiziell um seine Lehrerschaft zu bitten, um so endgültig auch Schülerin der von ihm vermittelten Lehre selbst zu werden.

Und will man dieses, im Westen ungewohnt anmutende Vorhaben in seiner wirklichen Tragweite verstehen, so muss man erkennen, welch unsagbare Gnade und liebende Unterstützung einem jeden Suchenden zuteil werden, der in den Genuss einer solchen Annahme als Schüler gelangt. Doch nicht die Willkür eines subjektiven Schicksals ist es, die einen zu dieser Aufnahme in die Lehre eines wahren Meisters führt, sondern einzig das eigene Bemühen um Fortschritt, dessen Unerbittlichkeit sich geistigen Gesetzen folgend stets auszahlt.

Und so vielversprechend sich dieses große Ziel in meiner eigenen Vorstellung auch abzeichnete, so langwierig gestaltete es sich in der Praxis, lehnte Kurt meine Bitte um Aufnahme doch ein ums andere Mal ab.

Ich jedoch glaubte fest daran, in ihm diesen einen Lehrer für mich gefunden zu haben, und ließ mich von seinen Ablehnungen auch dann nicht irritieren, wenn er mich gefühlt das hundertste Mal wegschickte.

Denn wer aufrichtig bittet, dem wird geöffnet.

Und irgendwann war es auch bei mir so weit und ich wurde erhört.

Ich kenne keinen Lehrer, dessen Schülerin ich lieber wäre, habe von keinem Meister gehört, der mir die Dinge besser erklären könnte, und bin auf meinen Reisen durch die Welt keiner einzigen Geistesrichtung begegnet, die mich mehr fasziniert hätte als die von Kurt in seiner Liebe, Macht und Weisheit vermittelten Lehre tatsächlich erreichbarer Unsterblichkeit.

Wahre Bescheidenheit

Einerseits tat ich mich in Wahrheit immer schwerer damit, zu verstehen, welche Bereiche geistiger Realität sich Kurt durch seine Arbeit gerade erschloss, andererseits hatte ich es mir in den vergangenen Jahren auch wirklich abgewöhnt, mich über plötzliche Veränderungen in seinem Leben zu wundern.

Dies bewahrheitete sich ein weiteres Mal, als Kurt mir mitteilte, in Anbetracht seiner Arbeit zu-

rück in das von ihm und Susanne so geliebte Vor-
alpenland ziehen zu wollen, vermutete er dort doch
besser an sich und seiner geistigen Entwicklung
arbeiten zu können.

Damit erneut in der Situation, mich in Anbetracht meines geistigen Weges entweder für ein
Mitziehen oder für ein Blieben entscheiden zu
müssen, wählte ich dieses Mal das Bleiben, denn es
gab in meinem eigenen Leben vor Ort momentan
genug für mich zu tun. Blieb mir in den auf Kurt
und Susannes Umzug folgenden Monaten neben all
meinen geistigen Übungen und den sich aus meiner
beruflichen Tätigkeit ergebenden Pflichten noch
Zeit übrig, so versuchte ich so oft wie möglich, die
beiden zu besuchen und dabei auch eine der von
mir so geschätzten Privatstunden zu erhalten.

Es war bei einem meiner Besuche, als wir uns
nach diesem Unterricht entschlossen, eine Bergtour
zu unternehmen. Die Sonne schien von einem wol-
kenlos blauen Himmel und die Route führte relativ
wenig von Touristen bedrängt über Wiesen und
Weiden sanft ansteigend einen südlich gelegenen
Berghang hinauf.

Wie so oft drehten sich unsere Gespräche um
Geistiges, denn über was sonst unterhielt ich mich
lieber als über jene für mich so faszinierende Wissenschaft westlicher Schule.

Wir hatten gerade ein kurzes Waldstück passiert und liefen langsam den Berg hinauf, als ich wie schon so viele Male zuvor meine Zweifel an der Lehre eines in der hermetischen Szene recht angesehenen Autors anzusprechen begann, der mit einer Art Wahlspruch glaubte, den Kern geistiger Entwicklung für sich und andere entdeckt zu haben.

Mir jedoch erschloss sich der Wahrheitsgehalt dieses Satzes nicht einmal ansatzweise, wollte mein Empfinden doch nicht aufhören, diesen in seiner Gültigkeit anzuzweifeln. Hinzu kam, dass alle meine Bemühungen, mich diesem Satz anzunähern, aus einem mir nicht ersichtlichen Grund gescheitert waren und mich darüber hinaus bei jedem erneuten Versuch ein unangenehmes Gefühl beschlich, das ich nicht abzuschütteln vermochte.

In meiner tiefen Überzeugung, selbst der Ursprung dieser Unstimmigkeit zu sein, waren es Schwierigkeiten wie diese, die mich an meiner Entscheidung für diesen Weg zweifeln ließen und mich immer wieder glauben machten, für diesen letztlich vielleicht doch nicht geeignet zu sein.

Kurt natürlich wusste von all meinen Bedenken, hatte sich in der abschließenden Beurteilung bisher jedoch zurückgehalten. Nun, nach den Erkenntnissen der letzten Monate in seiner Weisheit weit über dem stehend, was er bisher zu überblicken in der Lage gewesen war, hatte sich dies grundlegend geändert, und mit überraschender Klarheit und untrüglicher Deutlichkeit begann er zu erklären: Dieser zum Wahlspruch erhobene Satz sei nicht nur ein Ausdruck abgehobener Energie, sondern stelle darüber hinaus ein wirkliches Hindernis auf einem sich im Gleichklang zwischen Liebe, Macht und Weisheit befindlichen Weg der Unsterblichkeit dar. Er habe daher nichts mit Einweihung zu tun, vielmehr sei er lediglich ein unschöner Auswuchs hermetischer Splittergruppen, denen zu folgen keinen Sinn mache.

Nach seiner eigenen Erfahrung sei vor allem die Orientierung an den Schriften von Franz Bardon zielführend, die in ihren bis dahin unerreichten Inhalten sowie den dort vermittelten Übungen ohne Einschränkung zu empfehlen seien.

Die Erleichterung, die sich daraufhin in mir einstellte, war unbeschreiblich, erfüllte mich nun doch endgültig das Vertrauen, bei der von Kurt vermittelten Hermetik richtig zu sein. Die Gelegenheit dann gleich nutzend, mehr von mir zu erzählen, berichtete ich nun, wie sehr mich meine Zweifel die Zeit über belastet hatten und wie schwer es mir dadurch gefallen war, mich meinen Übungen mit der erforderlichen Hingabe zu widmen. Ich erzählte von meinem Unbehagen bei jedem einzelnen Versuch, diesen Satz für mich nutzbar zu machen, sowie meiner aufrichtigen Freude, dies alles nun hinter mir zu haben.

Meine neu gewonnene Unbeschwertheit reichte jedoch weiter und ich begann, Kurt von den Anfängen meines Weges zu erzählen. Ich beschrieb meine unmittelbare Bewunderung für ihn und den Moment, als ich erkannte, wie besonders er wirklich war. Ich sprach von meiner tief empfundenen Dankbarkeit für seine unerschütterliche Hilfe und die bedingungslose Unterstützung meines Weges, deren ich mir bei ihm stets sicher sein konnte.

Stille erfüllte den Hang.

Etwas verunsichert blickte ich zu ihm hinüber, als er erneut zu sprechen begann.

Es sei allein der Fortschritt anderer, der ihm in seinem Wirken am Herzen liege – und wenn er jemanden sehe, der einen wahrhaft geistigen Weg für sich entdeckt habe, so freue ihn dies aufrichtig.

Der Schlüssel zur Seele

Seit jenen tiefgreifenden Erkenntnissen im Zusammenhang seines Rückzuges in neuen Bereichen tätig, beschäftigte sich Kurt nun gezielt mit jenen universellen Gesetzmäßigkeiten Göttlicher Schöpfung, die er in den von Franz Bardon beschriebenen Genien der unterschiedlichen Sphären als Ursache des Seins im Menschen sowie im Kosmos wiederentdeckt hatte.

Diese in ihrer Wirkung auf den menschlichen Geist nicht zu überschätzenden Grundfesten auch Uneingeweihten zugänglich zu machen, war eines von Kurts Zielen, und so begann er sich mit dem auseinanderzusetzen, was Weise seit jeher unter dem Begriff der Talismanologie kannten.

Schnell verstand auch ich, wie komplex dieses Thema in der Wirklichkeit der praktischen Erarbeitung war, gab es doch unmittelbar die Erde betreffend beeindruckende 360 Gesetzmäßigkeiten, die als Grade der Ekliptik von Kurt erkannt, in ihrer Wirkung auf Geist, Seele und Körper erfasst und niedergeschrieben werden mussten.

Die im Zuge dieser Beschäftigung entstandenen Amulette stellten dabei über eine entsprechende Prägung der darin enthaltenen Metalle eine dauerhafte Verbindung zwischen dem Träger des Amuletts und der mit dem Amulett verbundenen Gesetzmäßigkeit her und repräsentierten in ihrer Verinnerlichung jene Hilfe zur Erreichung eigener Genialität, die in der jeweiligen Anlage des Menschen verborgen lag. Für jeden, der sich also aufrichtig für diesen Weg der geistigen Entwicklung interessierte, bestand die damit einhergehende Aufgabe vor allem darin, die mit dem jeweiligen Amulett verbundene Gesetzmäßigkeit in sich selbst zu erkennen und sie somit in ihrer positivsten Form als bewussten Bestandteil eigenen Wesens zu integrieren.

Kurt nun suchte für dieses einzigartige Vorhaben eine für jedermann geeignete Lösung und entwickelte auf der Basis seiner eigenen Erfahrungen einen Weg der Erkenntnis, auch *Schlüssel zur Seele* genannt, der in Anlehnung an die eigene Geburtskonstellation bis zu fünfzehn Amulette beinhalten konnte.

Diese repräsentierten in ihrer Verbindung zu der jeweiligen Gesetzmäßigkeit sowohl die Position der im Sonnensystem enthaltenen Himmelskörper im Vergleich zu der unserer Erde als auch die sich aus der Erdrotation ergebenden Sonnenstände und spiegelte somit genau jene Ursächlichkeit wider, aus der sich der Charakter eines zu diesem Zeitpunkt geborenen Menschen zusammensetzte. Ungewohnt in seiner überraschenden Wirksamkeit und auch für mich anfangs eher abstrakt, erkannte ich schnell, welch großes Potenzial praktischer Anwendbarkeit dieser Weg durch die eigene Anlage für einen jeden Suchenden barg, revolutionierte er in meinen Augen doch vollständig, was der Menschheit bis dahin in Sachen Selbsterkenntnis bekannt gewesen war.

Daher erschien es mir selbstverständlich, die sich mir dadurch bietende Gelegenheit zur Entwicklung sofort wahrzunehmen und mich für diesen außergewöhnlichen und neuen Weg der Selbsterkenntnis anzumelden.

Bereits kurze Zeit später machte ich mich also mit dem ersten speziell für mich erstellten Amulett daran, die Vollkommenheit meines Anlagengefüges für mich zu entdecken.

Mit großer Freude erkannte ich, wie sehr ich mich schon jetzt veränderte. Und mit jedem weiteren Amulett und jeder sich mir dadurch eröffnenden Weisheit, wuchs gleichzeitig auch mein Empfinden, souveräner an die Dinge heranzugehen.

Stellten zuvor Hindernisse auf meinem Weg immer wieder ein Problem für mich dar, so sah ich nun die darin enthaltene Chance auf Entwicklung und ergriff sie gerne.

Trotzdem hörten die Herausforderungen natürlich nicht auf und so verwunderte es mich sehr, wie unterschiedlich leicht oder schwer es mir fiel, die von Kurt beschriebenen Charakterzüge, die mit dem jeweiligen Gesetz in einem analogen Zusammenhang standen, an mir zu erkennen.

War es bei dem einen Abschnitt des Weges ein Kinderspiel und durchlief ich diesen Teil der Arbeit mit Leichtigkeit, zogen sich andere Passagen anstrengend in die Länge und jeder auch noch so kleine Fortschritt erforderte ein Maß an Konzentration, das zu erarbeiten mir einiges an Überwindung abverlangte.

Doch so herausfordernd es auf diesem Weg auch war: zum ersten Mal in meinem Leben bekam ich einen Eindruck davon, was an Chancen mein Charakter zu bieten hatte.

Aufrichtig freute ich mich deshalb über jeden einzelnen Schritt der Entwicklung. Ich lernte Seiten an mir kennen, die mir zuvor verborgen geblieben waren, und erlangte Einblicke in die Möglichkeiten meines Wesens, die hoffnungsfroher nicht hätten sein können.

Hatte ich bisher zum Beispiel aus einem Automatismus heraus gerne die Auseinandersetzung gesucht, so empfand ich nun immer öfter die Freiheit, mich im jeweiligen Fall anders zu entscheiden und reagierte mit Sanftmut anstatt wie bisher mit Härte.

Auf Momente der Erkenntnis folgten stets Empfindungen neu gewonnener Freiheit, so dass ich zum ersten Mal den Eindruck gewann, geburtlichen Strömungen nicht länger hilflos aufgeliefert zu sein. Jede Stufe der Erkenntnis, und wirkte sie auch noch so klein, fügte sich in ein größeres Ganzes, welches an Einzigartigkeit nicht zu übertreffen war.

Somit endgültig einfach gestrickten Beurteilungen stereotyper Charakterzüge den Boden entziehend, eröffnete diese neu entdeckte Form wahrhaftiger Selbstwahrnehmung einen unendlichen Raum an Möglichkeiten, den zu verinnerlichen und somit auch mir selbst zu eigen zu machen nun zu meiner Aufgabe wurde.

Die Entwicklung wahrhaftiger Individualität

Es war noch mitten während dieses faszinierenden Weges durch meine Anlage, als ich im Zweifel über meine Fähigkeiten an Grenzen stieß, die zu überwinden mir einfach nicht gelingen wollte.

Es dauerte nicht lange bis ich verstand, dass das Problem bei meinen Übungen nicht generell in meinen Anstrengungen lag, sondern zu einem Großteil der Tatsache geschuldet war, dass ich mich unbewusst stets auf das verließ, was ich an Überzeugungen und Vorstellungen in meiner unwissenden Art über die Jahre hinweg von anderen abgeschaut und somit in mir selbst aufgebaut hatte.

Dadurch war ich in eine Sackgasse aus oberflächlicher Betrachtung und eigenem Verbiegen geraten, die sich angesichts der Schwierigkeiten willentlicher Meisterung besonders während meiner praktischen Übungen nicht mehr wegdiskutieren ließ.

Mir zum damaligen Zeitpunkt der weitreichenden Auswirkung dieser fehlenden Individualität und Willensstärke nicht ausreichend bewusst, bildete diese Einsicht den Startschuss einer Suche nach meinem ganz individuellen Zugang zur Lehre der Einweihung, der mir über die Jahre hinweg noch so einiges an Überwindung abverlangen sollte.

In diesem einen speziellen Fall jedoch war es bereits diese so unscheinbar wirkende Erkenntnis, die für mich das Ende der Fahnenstange bildete.

Ich beschloss, dass es wieder einmal genug war!

Und genau diese Entscheidung änderte alles!

Gerade noch hartnäckig an diesen Hindernissen scheiternd, eröffneten sich mir plötzlich Einblicke, die in ihrer Klarheit und Großartigkeit alles überstiegen, was ich mir vorzustellen bisher in der Lage gewesen war.

Wieder einmal verstand ich, dass es einzig und alleine an mir lag, über meinen Erfolg zu entscheiden, und dass kein Mensch – und sei er auch noch so weit entwickelt – mir auch nur einen Schritt meines Weges hätte abnehmen können. In dem Bewusstsein der Aufgabe, mich nun in dem, was mein Wesen in seiner Ursächlichkeit ausmachte, als Individuum erkennen zu müssen, verstand ich ein bisschen mehr, was es in Wirklichkeit bedeuten konnte, innerlich frei zu sein.

Mit Freude und aufrichtiger Dankbarkeit angesichts dieser Erlebnisse widmete ich mich nun dieser neu entdeckten Herausforderung, jetzt jedoch in der Hoffnung, meinem Ziel endgültiger Befreiung ein gutes Stückchen näher gekommen zu sein.

Besondere Erfahrungen und das Alles in Allem

Während ich mich also mit der Entwicklung dieser für meinen Weg unerlässlichen Individualität zu beschäftigen begann und mich dabei nun wirklich nicht mehr um das kümmerte, was andere von meinem Weg hielten, merkte ich kaum, wie sehr sich gewisse Auswirkungen dieser Betätigung in meinem Alltag abzuzeichnen begannen.

Vor allem das sich in mir stark verändernde Zeitgefühl überraschte mich stets, gab es doch kaum einen Moment, in dem ich nichts mit mir anzufangen wusste.

Mit jeder neuen Erkenntnis, die ich mir in meinem Streben nach Fortschritt dabei erarbeitete, wuchs zugleich auch die Einsicht, wie viel es noch zu lernen gab und wie wenig Zeit ein Menschenleben dafür in Wirklichkeit bot.

Die Stunden meines Tages wurden zu meinem wertvollsten Gut und ich tat viel, um sie zu schützen.

Doch auch anderes begann sich sichtbar zu verändern.

War ich bisher gerne einmal missionarisch unterwegs gewesen, vermied ich es nun so gut wie möglich, anderen Menschen Ratschläge zu erteilen, wusste ich doch inzwischen aus eigener Erfahrung, wie sinnlos dies war. Statt dessen versuchte ich viel lieber herauszufinden, wie wahrhaftige Hilfe in der Praxis des täglichen Umgangs auszusehen hatte und wessen genau es bedurfte, um sich anderen gegenüber als mitfühlend zu zeigen.

Vor allem im Kontakt mit Menschen, die sich kaum oder gar nicht für geistige Entwicklung interessierten, verlangte mir dies aufgrund der sich aus der Unwissenheit ergebenden Kurzsichtigkeit meines Gegenübers einiges an Überwindung ab.

Da galt es dann, den eigenen Willen so gut es ging von Abneigung frei zu halten, das Herz offen und den Verstand klar, um nicht unversehens eine Art Opposition aufzubauen oder eine solche gar bewusst in ihrem Entstehen zu unterstützen.

Vor allem in diesen Momenten wurde mir oft schmerzlich bewusst, was es bedeuten konnte, einen Weg wie den meinen zu gehen.

Zwar war es schon irgendwie so, dass einige Menschen in meinem Umfeld sich zumindest oberflächlich für das interessierten, was mich in Wirklichkeit bewegte, doch nie erreichte dieses Interesse auch nur im Ansatz jene Intensität und Willensstärke, die es gebraucht hätte, um mich verstehen und somit mein Leben teilen zu können.

Es waren Zeiten wie diese, in denen ich wirkliche Einsamkeit kennenlernte.

Nicht nur einmal vertraute ich mich deshalb Kurt an, der diese Erfahrungen bereits in jungen Jahren noch viel ausgeprägter hatte hinter sich bringen müssen. Es seien Phasen des Weges, die vorübergingen, denn irgendwann lerne man, sich auch mit den Menschen zu arrangieren, die keinerlei Verständnis für das hätten, was ein geistiges Leben in Wirklichkeit so einzigartig macht.

Es fiel mir schwer, das zu glauben.

Von all den Kontakten, die ich bisher gerne gepflegt hatte, blieben neben Kurt und Susanne lediglich eine Handvoll Menschen übrig, denen ich mich wirklich anvertraute. So bitter sich dies auf der einen Seite anhört und sicherlich auch war, so großartig waren die Belohnungen, die mir auf der anderen Seite durch meinen Weg zuteil wurden und stets das um ein Vielfaches aufzuwiegen vermochten, was ich an Entbehrungen auf mich zu nehmen hatte.

Da waren zum einen die sich immer öfter ergebenden Einblicke in den menschlichen Geist, die mein Leben spürbar erleichterten, zum anderen die sich häufenden Wachträume, die für die Beantwortung meiner Fragen einige Erkenntnisse bereithielten.

So erinnere ich mich gerne an einen Traum, in dem ich frei im Raum über einer Ebene schwebend am Horizont einen gleißend violetten Strahl reinen Lichts beobachtete, der einem Pulsar gleich in den Himmel schoss. Angezogen von einer unsichtbaren Macht wagte ich nicht, meinen Blick von ihm zu wenden und schwebte langsam, jedoch noch immer in sicherem Abstand, auf ihn zu. Ich genoss die grenzenlos wirkende Kraft, die auf mich einwirkte, und empfand Dankbarkeit ob ihrer Nähe.

Ein anderer Wachtraum betraf meine Auseinandersetzung mit einer Person, die mich in ihrer übergriffigen Art lange eingeschränkt und reglementiert hatte.

Es war mitten in der Nacht, als ich mir plötzlich Meiner Selbst bewusst wurde und beobachtete, wie ich heftig mit dieser Person stritt.

Anfangs noch versucht, mich wie auch sonst durch einen Abbruch des Kontakts aus der Affäre zu ziehen, entschloss ich mich nun, dies alles nicht länger auf mir sitzen zu lassen und begann mich offen zu wehren. Doch anstatt wie erwartet meinen Willen zu respektieren und nun endgültig und vor allem auch freiwillig von mir abzulassen, wurde das Drängen nur noch stärker.

Es kam der Moment, an dem ich genug hatte.

Laut begann ich zu schreien.

Und ich schrie.

Und schrie.

Zunächst schien nichts zu passieren, doch gerade als ich dachte, nicht länger durchhalten zu können, wendete sich das Blatt und mein Gegenüber lenkte ein.

Stille kehrte ein und ich war frei.

Doch anstatt Triumph oder gar Genugtuung zu empfinden, durchströmte mich einzig und allein ein Gefühl längst fälliger Ordnung, dessen Wahrnehmung mich zutiefst beruhigte.

Ein weiterer Traum, an den ich mich gerne erinnere, war eine Lehrstunde, in der ich Einblicke in Teile der Realität erhielt, die mir in meinem Wachbewusstsein verwehrt geblieben wären.

Es war erneut mitten in der Nacht, als ich mir im Traum Meiner Selbst bewusst wurde. Wieder einmal frei im Raum schwebend, war ich plötzlich umgeben von einer Vielzahl mir bekannter Personen. Zunächst unterhielt ich mich noch angeregt mit ihnen. Aber plötzlich veränderte sich meine Position und in der Waagrechten schwebend bewegte ich mich in Richtung Boden. Die Menschen um mich herum waren verschwunden und mit Überraschung verfolgte ich, wie es langsam abwärts ging.

Nachdem ich einige Zeit so für mich hingesunken war, standen mit einem Mal alle wieder da und bildeten mit ihren Körpern eine Figur, in die ich passgenau hinabsank.

Noch etwas irritiert von der Präzision dieser verstörenden Choreographie, beobachtete ich mit einer fast etwas makabren Faszination, wie sich diese Menschen in ihrer Substanz aufzulösen begannen und als eine Art zweite Haut um meinen Geist herum einen Körper bildeten.

Es machte einen, in diesem Fall nur sehr kleinen, Ruck und ohne mein Bewusstsein verloren zu haben erwachte ich in meinem Bett. Sofort verstand ich einige der Bedeutungen dieses Wachtraums und erkannte, welch großen Einfluss die Gedanken anderer Menschen auf mich hatten und wie sehr mich diese in Wirklichkeit beeinflussten.

Und als wären all diese wunderbaren Einsichten nicht schon mehr als genug, widerfuhr mir kurze Zeit später genau dieses eine besondere Ereignis, welches das wohl größte meines bisherigen Lebens werden sollte.

Es war an einem dieser schönen Tage im Spätsommer, als ich von einem Termin zurück über die

Autobahn nach Hause fuhr. Aus einem plötzlichen Impuls heraus blickte ich vorbei am Rückspiegel in den Himmel und genoss das Licht der bereits untergehenden Sonne, das sich in den Farben der Bäume spiegelte. Gerade in dem Moment, als ich mich wieder auf den Verkehr konzentrieren wollte, veränderte sich meine Sicht und der Himmel riss auf.

Dort, wo gerade nur Blau gewesen war, öffnete sich nun eine Ebene unfassbarer Schönheit, in der alles durchwoben von Licht und pulsierendem Leben unendlichen Frieden ausstrahlte.

Eingebettet in den Eindruck tatsächlicher Unendlichkeit schien plötzlich das Kleinste groß zu sein.

Nichts schien zu fehlen, nichts zu viel zu sein.

Es war Perfektion.

Es war Vollkommenheit.

Für mich war es das Alles in Allem.

Und plötzlich verstand ich, dass es IHN wirklich gibt!

Hilfe auf dem Weg

Sofort erkannte ich, welche mit Worten kaum zu beschreibende Gnade mir gerade zuteil geworden war. Mich in meinen Anstrengungen nach Entwicklung deshalb noch intensiver bemühend, gab es mit der Verwirklichung dieser Vollkommenheit auch in meinem Alltag nun ein überragendes Ziel, das all die anderen im Bruchteil einer Sekunde hinweggefegt hatte.

Ich ging daher noch unbeirrbarer als zuvor an die Dinge heran und überschritt dabei leider auch immer wieder Grenzen, die besser gewahrt geblieben wären.

Das erste Erlebnis dieser wenig erbaulichen Art betraf dabei noch nicht einmal direkt meinen Weg, sondern ereignete sich, als ich gerade das Buch eines angeblich hermetischen Autors las. Ich war schon seit Stunden mit voller Aufmerksamkeit in seinen Inhalt vertieft, als ich plötzlich realisierte, wie sich dunkle Gedanken unheilvoll in mir breitmachten und sich scheinbar unaufhaltsam ihren Weg in mein Bewusstsein bahnten.

Überrumpelt von dieser Entwicklung und vollends schockiert von der Dunkelheit dieser Empfindung, tat ich mein Bestes, den Ursprung des Problems zu finden, stets in der Hoffnung, dieser unschönen Wahrnehmung dadurch ein Ende bereiten zu können.

Ich weiß nicht genau, woher der Gedanke schlussendlich kam, aber plötzlich erkannte ich, dass ich nicht selbst der Ursprung des Problems, sondern vielmehr in das Kraftfeld besagten Buches geraten war, dessen negativer Ausrichtung etwas Entscheidendes entgegenzusetzen ich schlichtweg versäumt hatte.

Aufrichtig froh, zumindest in dieser Hinsicht Klarheit erlangt zu haben, tat ich mein Bestes, mich von dieser emotionalen Bedrängnis zu befreien, und rief – die wohl naheliegendste Lösung wählend – einfach Kurt um Hilfe.

Und ich wurde gehört.

Denn eben noch am Abgrund dunkler Schatten stehend, durchstieß plötzlich ein Blitz gleißender Energie mein Bewusstsein. Zuversicht durchströmte meinen Geist und fegte hinweg, was ohne mein unreflektiertes Vertrauen gar nicht hätte da sein dürfen. Erleichtert und unendlich dankbar für diese so unmittelbare Hilfe, warf ich jenes unsägliche Pamphlet fehlgeleiteter Literatur angewidert zu Boden, stand auf und entsorgte es noch in derselben Minute.

Von nun an viel mehr auf das achtend, womit ich mich den Tag über beschäftigte, ging ich nun wesentlich vorsichtiger an die Dinge heran – und mied natürlich alles, was mit diesem Autor direkt oder Menschen in seinem Umfeld zu tun hatte.

Das zweite Erlebnis dieser unschönen Art verschuldete ich wieder einmal selbst, als ich während einer meiner Meditationen zu ungestüm versuchte, negative Eigenschaften an mir zu erkennen, und dadurch einer Gesetzmäßigkeit der Dunkelheit nahegekommen war, der ich lieber ferngeblieben wäre.

Mich in meiner Konzentration zu intensiv mit meinen Fehlern auseinandersetzend, stellte ich plötzlich fest, wie sich eine Schwärze ungeahnten Ausmaßes über mich legte.

Alles begann sich nur noch um mich zu drehen und die Bedürfnisse anderer versanken im Nichts.

Es dauerte nicht lange, bis ich begriff, dass hier etwas Entscheidendes aus dem Ruder lief.

Seelisch gefangen in diesem Rausch unfassbarer Rücksichtslosigkeit, bedeckte mich kalter Schweiß und wie eine Ertrinkende klammerte ich mich an das, was mir an Willen und bewusster Individualität geblieben war.

Dabei stets wissend, in meinen Bemühungen um Bewusstsein auf keinen Fall nachlassen zu dürfen, suchte ich händeringend nach einem Ausweg. Gerade als meine Kraft zu schwinden drohte, fiel mir nichts anderes mehr ein und in einem Akt letzter Anstrengung rief ich den Höchsten selbst um Hilfe.

Und Er antwortet.

Gleißendes Licht durchbrach die Szene und erfüllte meinen Geist.

Geblendet von dieser faszinierenden Schönheit, konnte ich kaum fassen, tatsächlich von Ihm erhört worden zu sein, als unsichtbare Hände mich auch schon hinten am Kragen packten und mit übermenschlicher Geschwindigkeit nach oben rissen. Kaum an die Bedingungslosigkeit dieser Hilfe gewöhnt, wurde ich auch schon sanft auf etwas abgestellt, was sich wie Boden anfühlte.

Überwältigt von der Unmittelbarkeit dieser gnadendurchwirkten Rettung und tief beeindruckt von der Größe der sich dahinter verbergenden Macht, beobachtete ich, wie das Gleißen des Lichts langsam verging und ich mich erneut in meinem Körper wiederfand.

Erst Tage später traute ich mich, Kurt von meinem Fehltritt zu erzählen – und zum ersten Mal hatte ich keinerlei Einwände, als er mit mir zu schimpfen begann.

Das Ende meines Weges durch die Anlage

Obwohl inzwischen an die regelmäßigen Wohnungswechsel von Kurt und Susanne gewöhnt, überraschte es mich doch, als die beiden mir mitteilten, nun in das aufstrebende Berlin ziehen zu wollen. Sofort fragte natürlich auch ich mich wieder, ob es mir dieses Mal möglich sein könnte, Kurt in seinem Pilgern zu folgen, war meine neu gewonnene finanzielle Freiheit doch ortsgebunden.

Mich nach einigem Kopfzerbrechen dann doch für eine doppelte Haushaltsführung entschließend, versuchte ich auf diese Art und Weise sowohl dem geistigen als auch dem weltlichen Teil meines Lebens so gut wie eben möglich gerecht zu werden und pendelte von da ab fröhlich zwischen Berlin und Bayern hin und her.

Durch diese erneute Veränderung in meinem Leben bekam nun auch meine Entscheidung für Geistiges einen neuen Stellenwert und förderte (ohne dass es mir aufgefallen wäre) Gegebenheiten geistiger Zusammenhänge an die Oberfläche, die mitunter weitreichende Auswirkungen auf das hatten, was sich bei mir ereignete.

Da war zum einen diese nicht enden wollende Überraschung, wie anspruchsvoll mein Weg in seiner Beschreitung auf der einen Seite war, wie nachhaltig er es auf der anderen Seite aber auch stets vermochte, mich durch außergewöhnliche Erlebnisse nur in Sekunden für das zu entschädigen, was er mir sonst an Mühsal auferlegte. Zum anderen hatte ich immer öfter das Gefühl, mit meinen sorgsam gehegten Vorstellungen die Wahrheit betreffend etwas daneben zu liegen und dadurch bei meinen Bemühungen stets das nicht zu erreichen, was ich mir als nächsten Schritt der Entwicklung so passend zurechtgelegt hatte.

Das betraf natürlich nicht nur meine geistigen Übungen selbst, sondern auch meine Überzeugung bezüglich dessen, was ich glaubte, leisten zu können.

Vor allem da zeigte sich mir dann, wie wichtig es war, rechte Unterscheidung als Fähigkeit geistiger Meisterung so früh wie möglich in den Fokus eigener Aufmerksamkeit zu rücken!

Vor wenigen Jahren in meiner Unwissenheit noch der Meinung, dieses in Wahrheit riesige Thema der geistigen Entwicklung einfach so im Vorübergehen *abfrühstücken* zu können, ahnte ich nun, wie lang ein Weg geistiger Vervollkommnung in Wirklichkeit war und welch großes Maß an Konzentration und Hingabe er einem abverlangte.

Doch all diese Entwicklungsschritte dienten natürlich stets einem höheren Sinn, denn mit jeder dieser Erfahrungen stieg automatisch mein Bedürfnis, bescheidener an die Dinge heranzugehen, und meine Fähigkeit, mich von Rückschlägen nicht allzu lange beunruhigen zu lassen. Vor allem das Letztere schien mir besonders wichtig zu sein, gab es doch so viel zu lernen und so viele Möglichkeiten, dabei Fehler zu machen. Jeder Entwicklungsschritt – und war er auch noch so klein – führte dabei stets zu Anpassungen, die mich staunend zurückließen und mein Leben von einem Moment auf den anderen maßgeblich zu verbessern wussten.

Auf diese Weise mit mir und meinem Innersten beschäftigt, merkte ich kaum, wie die Zeit verging, als mit einer letzten Antwort von Kurt nach nicht einmal zwei Jahren dieser besondere Weg durch mein Anlagengefüge überraschend schnell und hinlänglich unspektakulär zu Ende ging.

Plötzlich stand ich da – immer noch die Gleiche, doch schon lange nicht mehr die Selbe.

Ich hatte gelacht und geweint, war glücklich gewesen und wirklich bestürzt, hatte Stürme gebändigt und viele Male das Licht gesehen. Ich hatte die Vergangenheit bereist und meine Zukunft geordnet, war an Grenzen gestoßen und weit darüber hinausgewachsen.

Ich verstand, dass wahrhaftige Befreiung einzig durch die praktische Entwicklung des eigenen Geistes möglich war und dass ich mit der von Kurt vermittelten Lehre genau diesen ganz besonderen Weg geistiger Vervollkommnung gefunden hatte, von dem die Weisen des Westens seit Jahrhunderten berichteten.

Fernöstliche Einweihung

Doch nicht nur in meinem Leben änderten sich die Dinge spürbar, sondern auch bei Kurt, der nun mit den von ihm wiederentdeckten Gesetzmäßigkeiten der geistigen Realität in Form von Meditationsabenden überraschend zurück an die Öffentlichkeit trat.

Mich persönlich freute dies natürlich sehr und so nahm ich gerne wahr, was Kurt an neuen Veranstaltungen zu diesem Thema anbot.

Doch das Außergewöhnliche meines Weges waren wieder einmal weniger die für jedermann offensichtlichen Verwandlungen, die sich durch diesen Kontakt mit den Gesetzmäßigkeiten bei mir einzustellen begannen, sondern erneut jene herausragenden Erfahrungen mystischen Erlebens, die mich in der Plötzlichkeit ihres Auftretens und der Großartigkeit ihrer Beschaffenheit immer wieder aufs Neue motivierten, stets mein Bestes zu geben.

Da war zum Beispiel diese eine Privatstunde bei Kurt, in der ich unter seiner Anleitung eine Meditation zur Gesetzmäßigkeit medizinischer Diagnostik unternahm. Tief konzentriert hatten wir den Bereich dieses Gesetzes gerade betreten, als sich mein Bewusstsein in Anbetracht der erlebten Schönheit zu entspannen begann und sich mein Geist beruhigte. Zum ersten Mal bei einer dieser Gelegenheiten nicht bemüht, möglichst viel an Weisheit für mich zu erfahren, genoss ich die Freiheit dieser für mich so ungewohnten Erfahrung, als plötzlich eine gestochen scharfe Kugel dunkelvioletten Lichts mit ungeahnter Geschwindigkeit auf mich zuzurasen begann.

Kaum an die Schärfe meiner inneren Sicht gewöhnt, war die Kugel auch schon da und schlug mir mit voller Kraft zwischen die Augen. Ein dröhnender Schlag erfüllte meinen Geist und ließ mich körperlich erschaudern.

Innerlich bemühte ich mich sofort, dies alles in einen irgendwie begreifbaren Zusammenhang zu bringen, da erblühte vor meinem Auge plötzlich eine Blume unfassbaren Grüns, deren Blütenblätter sich direkt vor mir entfalteten.

Einen leider nur kurzen Moment ruhig im Raum vor mir schwebend, verschwand das gerade Gesehene jedoch ebenso schnell, wie es gekommen war, und nahm dieses faszinierende Leuchten mit sich.

Kaum war ich aus meiner Konzentration zurückgekehrt, erzählte ich Kurt natürlich sofort, was mir gerade widerfahren war und wurde überrascht, als er mir diese Blume als Abbild eines der sieben sogenannten Chakren beschrieb, also eines der seelischen Zentren geistiger Entwicklung.

Ich selbst war in der Thematik ernstzunehmender Chakrenlehre nicht einmal im Ansatz bewandert und begann mich natürlich sofort zu fragen, wie es möglich sein konnte, in einer Meditation westlicher Tradition ein Symbol fernöstlicher Schule zu erblicken.

Welcher Gnade nur hatte ich es zu verdanken, diese überraschende Einweihung erhalten zu haben?

Und was genau bedeutete sie für mich?

Natürlich wusste ich in diesem Moment die Antworten auf all diese Fragen noch nicht, jedoch verstand ich sehr wohl, dass wahrhaftige Universalität tatsächlich existierte. Ich begann zu ahnen, wie weit diese vermeintlich nur im Westen bekannten Gesetze in ihrer erdumspannenden Ursächlichkeit in Wahrheit reichten, und erkannte das große Maß an Entwicklung, das sie für jeden bereithielten, der sich aufrichtig für sie interessierte.

Außergewöhnliche Fähigkeiten

Doch Ereignisse wie diese waren noch lange nicht alles, was mir an Phantastischem auf meinem Weg begegnete.

Als besonders herausragend in dieser Zeit empfand ich stets diejenigen Momente, in denen Kurt seine außergewöhnlichen Fähigkeiten für das Wohl anderer einzusetzen wusste.

Das für mich in diesem Zusammenhang wohl faszinierendste Erlebnis ereignete sich, als ich zusammen mit ihm durch den Tiergarten spazierte. Gerade noch all die Möglichkeiten eines geistigen Weges diskutierend, blieb Kurt unvermittelt neben mir stehen. Er lächelte mich an und fragte, ob es mir gefallen würde, die Welt einmal mit seinen Augen zu sehen. Überrascht von diesem Vorschlag und begeistert von der Idee willigte ich natürlich sofort ein und freute mich auf das, was nun kommen sollte.

Es dauerte nicht lange und meine Sicht veränderte sich.

Vormals *nur* von Bäumen gesäumt, standen nun in Holz geborene Persönlichkeiten unterschiedlichsten Wesens am Wegesrand, die durchzogen von Adern pulsierenden Lichts eine unbeschreibliche Schönheit ausstrahlten.

Kein Ast, kein Blatt, ja noch nicht einmal die Steine am Boden wirkten leblos auf mich und nichts in diesem Bild erinnerte an die Welt, die ich sonst wahrnahm. Jeder meiner Blicke wurde sanft in seiner Berührung empfunden und als bewusste Aufmerksamkeit an mich zurückgesendet. Alles schien untereinander in einem sich entwickelnden

Kontakt zu stehen und jede auch noch so kleine Regung wurde gehört.

Gerade als ich mich an diese faszinierend neue Realität zu gewöhnen begann, veränderte sich erneut meine Sicht und ein grauer Schleier relativ unbewusster Wahrnehmung umhüllte meinen Geist.

Der Wald, der nun wieder vor mir lag, wirkte kalt und unpersönlich.

Traurig blickte ich zu Kurt und bat erneut um dieses Bild, doch er schüttelte seinen Kopf.

Seine Aufgabe sei es nicht, anderen Menschen den Wald schön zu machen, sondern vielmehr ihnen zu zeigen, dies selbst für sich zu vermögen.

Ich verstand, was er meinte.

Doch Kurts Fähigkeiten reichten natürlich weit darüber hinaus.

Es war bei einem meiner Waldläufe, als ich einen unter Laub versteckten Ast übersah, auf ihn trat und mir mit Schwung meinen Knöchel verstauchte. Die Schmerzen am Anfang noch ignorierend, dann irgendwie auch „weglaufend", biss ich die Zähne zusammen, joggte zu Ende, fuhr heim, duschte und erschien wie vereinbart zum Abendessen bei Kurt und Susanne. Das Essen war vorüber und der Tisch bereits abgeräumt, als ich nach einer kurzen Pause versuchte, aufzustehen.

Schmerzen durchzuckten mein Bein und ich musste mich setzen.

Verwundert darüber, wie verspätet diese Symptome meiner Verletzung auftraten, erinnerte ich mich nun auch selbst wieder an das, was mir beim Laufen vor nicht einmal drei Stunden passiert war und erzählte Kurt und Susanne von meinem Unfall.

Mich innerlich dabei fragend, wie es mir mit Schmerzen wie diesen heute Abend noch gelingen sollte, die drei Kilometer mit dem Rad nach Hause zu fahren, bot mir Kurt – meine Erlaubnis vorausgesetzt – Hilfe an. Dankbar für sein Eingreifen willigte ich natürlich ein und legte meinen inzwischen blau angelaufenen Fuß auf einen Stuhl. Kurt blickte auf einen imaginativen Punkt in der Ferne und begann sich zu konzentrieren. Schon nach wenigen Momenten veränderte sich sein Blick erneut und er lächelte mich an: Meine Verletzung sei die Folge eines inneren Ungleichgewichts gewesen und ein Ausgleich des dadurch entstandenen Schocks in seiner Ursächlichkeit der Anstoß einer schnellen Genesung. Genau dies habe er gerade für mich getan und lediglich mein physischer, an Raum und Zeit gebundener Körper brauche nun etwas, um sich zu erholen. Hierzu reiche die normale Lebenskraft aus und diese begann nun Susanne, die eine Ausbildung als Physiotherapeutin hat, entsprechend der geistigen Gesetzmäßigkeit gezielt in meinen Fuß zu lenken.

Es dauerte nicht lange und auch diese Behandlung war zu Ende.

Zaghaft versuchte ich erneut aufzustehen.

Das Ergebnis war überwältigend.

Zwar war es immer noch so, dass ich jede Belastung wahrnahm, von Schmerzen wie zuvor noch war jedoch nichts mehr zu spüren.

Der Weg mit dem Rad nach Hause war kein Problem, die lange Fahrt nach Bayern am nächsten Tag auch nicht und einem erneuten Waldlauf am darauffolgenden Samstag stand nichts mehr im Wege.

Die Rückkehr des Lichts

Hat man auf seinem Weg der praktischen Auseinandersetzung mit Themen wirklicher Einweihung irgendwann die Stufe erreicht, geistige Entwicklung als die einzig sinnvolle Betätigung zu betrachten, so eröffnet sich mit der Suche nach Vereinbarkeit geistiger Vervollkommnung mit den Notwendigkeiten weltlicher Verpflichtung eine Aufgabe ernstzunehmender Natur, deren Existenz man bisher gerne einmal unterschätzte. Besonders die zeitliche Gestaltung eines jeden einzelnen Tages, also die jeweilige Gewichtung der sich sowohl durch den Weg selbst als auch durch das Leben ergebenden Aufgaben, verlangten mir stets aufs Neue einiges an Konsequenz und ein nicht unerhebliches Maß an Anpassungsfähigkeit ab.

Vor allem in Momenten wie diesen schätzte ich die Flexibilität meiner Selbstständigkeit sehr. Besonders angenehm in dieser Beziehung waren dabei die Tage zwischen den Jahren, in denen die Geschäfte meiner Kunden ruhten und ich mir eine Auszeit nahm.

Aus diesem Anlass mich nach dem Vorbild von Kurt zum ersten Mal auch selbst vollständig von der Welt zurückziehend, beschloss ich, mich in meinen Studien einzig auf das Thema der Elemente zu konzentrieren, bildeten diese doch die *eine* entscheidende Grundlage jeglicher Geistigkeit, derer verständig zu werden mit nichts zu ersetzen war.

Um in meinen Bemühungen einen ersten Einstieg in dieses Thema zu finden, widmete ich mich zunächst den Büchern von Franz Bardon, die als das einzige mir bekannte Standardwerk die theoretischen Zusammenhänge dieses komplexen Bereiches zu veranschaulichen wussten. Von dort aus mich dem Thema weiter annähernd, entschied ich mich im Anschluss daran für eine Reihe unterschiedlicher Meditationen, die in ihren Gesetzmäßigkeiten mit den Elementen verbunden mir einiges an Einsicht zu bieten hatten.

Die Zeit dieses Rückzuges verging wie im Fluge und Erkenntnis folgte auf Erkenntnis.

Ich denke, es war schon fast am Ende dieser besonderen Tage, als ich während einer meiner Meditationen unvermittelt den Eindruck gewann, nun einen gewissen Durchbruch erzielt zu haben.

Kaum am Abend eingeschlafen, veränderte sich auch schon meine Sicht und ich wurde mir Meiner Selbst bewusst. Als Beobachter und losgelöst von der aufsteigenden Szenerie wurde ich einer sich bis zum Horizont erstreckenden Ebene vertrockneten Grundes gewahr, in der es nichts gab, was lebte. Überlagert wurde diese von einem Nebel undurchdringlichen Graus, der nahezu physisch alles bedeckte.

Gerade noch bedrängt von dieser Tristesse und innerlich betroffen von der unendlich wirkenden Leblosigkeit, erfüllte plötzlich ein tosendes Rauschen den Raum. Kaum hatte ich dies in all seiner Eindrücklichkeit erfasst, sah ich auch schon einen männlich wirkenden Engel, der mit weit ausgebreiteten Schwingen rasend schnell zu Boden schoss. Unvermindert in seinem Flug und scheinbar furchtlos in seinem Wesen durchbrach er diesen Nebel, nur um plötzlich keinen Millimeter über dem

Grund zum Stehen zu kommen. Ohne in seiner Bewegung einzuhalten, sah er mich ruhig und freundlich an, stieß sich erneut vom Boden ab und verschwand ebenso schnell, wie er erschienen war, einzig ein Loch in den Wolken mit dem Blick auf eine strahlende Sonne für mich zurücklassend.

Das Tosen verging und es wurde still.

Einweihung in die Erdgürtelzone

Die Nachwirkungen dieser einzigartigen Zeit meines Rückzuges waren herausragend, hatte ich nun doch am eigenen Leib erfahren, was es in Wirklichkeit bedeuten konnte, ein ausschließlich geistiges Leben zu führen.

Ich fand es toll!

Und doch wusste ich, dass mein Leben ein anderes war.

Um so mehr begeisterte es mich, als Kurt mir nur kurze Zeit später durch die wohl bedeutendste Einweihung meines bisherigen Lebens plötzlich und unerwartet die Möglichkeit eröffnete, nun in direkten Kontakt mit den die Gesetzmäßigkeiten verkörpernden Genien treten zu dürfen.

In seiner Beschreibung eher abstrakt und einem weltlichen Intellekt kaum zugänglich, stellte dieses Ereignis den Startschuss für meinen Weg durch die

Sphären dar, einen Weg, der in der Ausweitung des eigenen Bewusstseins innere Göttlichkeit verwirklicht und Krone der Schöpfung ist.

Für mich war diese Einweihung das Tor zum Glück.

Für mich war sie das Glück.

Und plötzlich verstand ich, dass mein Weg der Befreiung gerade erst begonnen hatte.

Ein Segen auf der Autobahn

Die Monate nach dieser besonderen Einweihung waren außergewöhnlich. Nicht nur schien sich meine Lebensqualität stark gebessert zu haben – darüber hinaus eröffnete sich mir ein wahrer Kosmos an geistigen Entdeckungsmöglichkeiten, die zu verinnerlichen mir große Freude bereitete.

Doch es gab auch Arbeit.

Vor allem die Aufgabe, diese neue Form der unmittelbaren Meditation einschließlich aller sich dadurch ergebenden Erkenntnisse ohne große Brüche in meinen Alltag und mein Leben zu integrieren, verlangte mir viel Flexibilität und Offenheit ab. Hinzu kam, dass diese unmittelbare Meditation in der sogenannten Erdgürtelzone ein noch höheres Maß an Stabilität und Konzentrationsfähigkeit erforderte und mich so ganz automatisch zurück zu meinen Übungen und der dafür notwendigen Disziplin brachte.

Auf diese Weise verging die Zeit und fast unmerklich war aus einem Frühling Sommer geworden.

Es war an einem dieser Abende, als ich wieder einmal von Berlin in Richtung Bayern fuhr.

Die Sonne schien von einem leuchtend blauen Himmel, doch erste Schatten zogen sich entlang der Wälder.

Gerade noch hatte ich ein Lied im Radio vor mich hingeschmettert, als ich plötzlich den Wunsch verspürte, alleine mit mir zu sein. Tief in Gedanken versunken ließ ich die Erfahrungen der letzten Wochen noch einmal Revue passieren. Dabei erinnerte ich mich an meine ersten Versuche mit dieser neuen Meditation und stolperte zum wiederholten Mal über mit ihr zusammenhängende Hindernisse, die zu überwinden mir bisher nicht gelungen war.

Was machte ich falsch? Ich begann zu überlegen.

Was war, so fragte ich mich, wenn es bei dieser unmittelbaren Meditation nicht ausschließlich um eine bessere Konzentration des Willens ging? Und was war, wenn ich aus einer Einseitigkeit der Aktivität und des Strebens nach Fortschritt heraus etwas Entscheidendes übersah?

Es machte einen Ruck.

Und plötzlich erkannte ich, was falsch lief!

Es fehlte der Ausgleich!

Es fehlte das Ausatmen nach dem Einatmen, die Ernte nach dem Säen und die Ruhe nach dem Sturm.

Von ganzem Herzen und in tiefster Aufrichtigkeit fasste ich einen Entschluss: Von nun an wollte ich ausgeglichener sein. Ich wollte der Entwicklung von Macht endlich auch die Liebe zur Seite stellen, nach Phasen der Aktivität lernen, Ruhe zu geben, und mich neben dem Erschaffen gleichzeitig auch dem Empfangen widmen.

Die Welt um mich herum versank in einem Rauschen.

Unfassbare Energie überflutete mich.

Um mich herum war nur noch Kraft, grenzenlos wirkende Kraft.

Nichts schien außerhalb von mir zu existieren, nichts mir unmöglich zu sein.

Und mir wurde bewusst, dass ich gehört worden war.

Der Beginn einer Aufgabe

Spricht man im Rahmen eines Weges der Vollkommenheit über so etwas wie geistige Meisterschaft, so begegnen einem im Alltag bald jene Aufgaben eigener Lebensbewältigung, die zu überwinden zum Maßstab wirklicher Entwicklung wird.

Einmal also aufgebrochen stellen sich von alleine Herausforderungen ein, die ergänzt durch vermeintlich selbstgewählte Vorhaben schlussendlich bereits lange feststehende Meilensteine eigener Vervollkommnung verwirklichen.

Ähnlich einem Lehrplan weist so das eigene Leben einen genial choreographierten Ablauf auf, dessen höhere Stufen sich einem erst dann offenbaren, wenn die darunter liegenden Aufgaben erledigt wurden. Was in der Theorie abstrakt bleibt und einem weltlichen Intellekt kaum logisch erscheint, wird in der Praxis eines wahrhaft geistigen Weges zum steten Bemühen um Meisterung, bei dem einzig das eigene Ich sich selbst als Partner – viel öfter aber auch als Gegner – gegenübersteht.

Vor allem die jeweilige Beschaffenheit der für einen selbst bestimmten Aufgaben nagt da schon einmal am Ego, verlangt sie einem doch stets genau das an Stärke ab, was eigene Kraft in ihrem Maximum zu leisten weiß.

Und so natürlich auch bei mir.

Anfangs noch als spontaner Blog im Internet begonnen, entwickelte sich die Beschreibung meines Weges mit Kurt schon bald zu einem größeren Vorhaben, das mir in meinem Streben nach Entwicklung zwar einige meiner Wege ebnete, mich aber auch an meine Grenzen führte und weit darüber hinaus.

Manchmal in einem wirklichen Lauf, viel öfter jedoch um Worte ringend verbrachte ich so meine Zeit. Vor allem die Aufgabe, Unsichtbares sichtbar zu machen und Unbeschreibliches zu beschreiben forderte mich oft bis zum Äußersten. Einmal in Angriff genommen weitete sich diese Aufgabe zu einem abendfüllenden Programm, und hätte nicht ein Weiser einst gesagt „Der Edle bringt zu Ende!" wäre ich schon lange abgebogen.

Doch so brachte mir das Leben einiges an Bescheidenheit bei, denn auch, wenn ich dieses Buch für andere versuche zu schreiben, so lehrt es mich doch am meisten über mich selbst.

Die Freude am Fortschritt

Wer auf seinem Weg der Vollkommenheit auch nur im Ansatz glaubt, innere Veränderung ohne die Anpassung äußerer Verhältnisse hinbekommen zu können, hat die wahre Natur eines geistigen Weges nicht verstanden oder entwickelt sich – gegen die eigene Überzeugung – nicht weiter. So herausfordernd sich dies im ersten Moment anhören mag, so chancenreich gestaltete sich dieser Zusammenhang in meinem eigenen Leben, waren es doch erneut tiefgreifende Veränderungen, die einmal gemeistert meinen Weg in überraschend positiver Weise beeinflussen sollten.

Die erste dieser Entwicklungen betraf dabei meine Nähe zu Kurt, der nach Abschluss seines ersten Werkes zum *Arkanum der Astrologie*, in dem es um die ursächliche Betrachtung der Kräfte unseres Sonnensystems geht, nun von Berlin zurück in seine Heimat Österreich zog. Bis dahin gewohnt, bei Fragen schnell in seiner Nähe zu sein, warf mich dieser erneute Umzug zurück auf das, was ich alleine zu leisten in der Lage war, und stärkte so mein Selbstbewusstsein. Die dadurch freien Abende in Berlin nutzte ich dann ganz bewusst für meine Entwicklung, widmete mich in dieser Zeit vor allem dem Schreiben und machte in der Strukturierung vergangener Themen entscheidende Fortschritte.

Die zweite Veränderung, die in dieser Zeit mein Leben stark beeinflussen sollte, war der komplette Wegfall meiner bisherigen Projektbeauftragung, was mir – nun beruflich ungebunden – die Möglichkeit eröffnete, meinen Alltag besser an die Erfordernisse meines Weges anpassen zu können.

Nachdem ich die darin ebenfalls enthaltene Herausforderung zur Überwindung liebgewonnener Bequemlichkeit angenommen hatte, nutzte ich die

Chance der Stunde und zog wegen der besseren Auftragslage erst einmal zurück in meine Projektwohnung nach Bayern.

Damit gleichzeitig einem Großteil meiner Kosten enthoben und ausgestattet mit dem Gefühl finanzieller Freiheit, gestalteten sich die kommenden Projektverhandlungen überaus entspannt und zeitigten bereits nach kürzester Zeit erfreuliche Ergebnisse.

Die nun frisch eintrudelnden Mittel nutzte ich dann sofort für einen weiteren Umzug in die Nähe meines neuen Kunden, was mir nicht nur den überaus lästigen Berufsverkehr rund um die Landeshauptstadt ersparte, sondern mir auch erneut den Freiraum gab, möglichst viel Zeit auf meine Studien verwenden zu dürfen.

Die zwölf Manifestationen Göttlicher Liebe

Wie schon in Berlin machte sich Kurt nun auch in Österreich daran, Bücher zum *Arkanum der Astrologie* zu verfassen. Seinem ersten Werk über die Planeten folgte kurze Zeit später bereits das zweite, welches sich in bis dahin unveröffentlichter Form mit der ursächlichen Betrachtung aller zwölf Tierkreiszeichen beschäftigt und als einziges mir bekanntes Standardwerk jene astrologischen Gegebenheiten kosmischen Ausmaßes zu beschreiben weiß, die – bisher nur Eingeweihten bekannt – nun für jedermann zugänglich sind.

Damit einfach gestrickten Beobachtungen einer sich einzig auf die Grobstofflichkeit beziehenden Astrologie den Boden entziehend, kam dieses Buch in meinen Augen einer Offenbarung gleich. Denn es legte nicht nur in genialster Form jene zwölf einzigartigen Facetten eines unfassbar großen Ganzen offen, sondern stellte zugleich den lange vergessenen Zusammenhang zwischen diesen zwölf Zeichen und den dadurch erfahrbaren Bewusstseinszuständen innerer Göttlichkeit wieder her.

Und um dies auch gleich noch praktisch zu vermitteln, veranstaltete Kurt im Anschluss an diese Veröffentlichung natürlich sofort ein Retreat, in dem er die in diesen beiden Büchern des Arkanum enthaltene Weisheit anhand von einfachen Übungen genau erklärte.

Natürlich nahm auch ich an dieser Veranstaltung teil und kam so in den Genuss, mich nach Jahren der vergeblichen Suche nach astrologischer Sinnhaftigkeit nun endlich einiger vorurteilsbehafteter Vorstellungen entledigen zu dürfen. Aus einem Widder wurde so für mich der erste Impuls der Schöpfung, aus einem Stier die liebende Wahrnehmung dessen, was ist, und aus einem Zwilling die den Raum durchdringende Intelligenz wahrhaftiger Unterscheidung.

Und wie diese drei Zeichen sich damals für mich veränderten und dies immer noch tun, so taten und tun dies auch alle anderen.

Seit diesem Retreat ist die Welt um mich herum eine andere. Und wer durch die Arbeit mit Kurts Büchern auch nur für den Bruchteil einer Sekunde in den Genuss der Reinheit eines dieser Zeichen gelangt, beginnt aus eigener Erfahrung zu verstehen, wie einzigartig und groß die von ihm verfassten Werke in Wirklichkeit sind.

Die Bindungen des Geistes

Diese neuen Einsichten in die wahre Beschaffenheit innerer Göttlichkeit motivierten mich sehr und gerne beschäftigte ich mich deshalb mit meinen Übungen sowie der Erlangung eines noch besseren Zugangs zu den sich dahinter verbergenden Weisheiten.

Darüber hinaus besuchte ich natürlich auch weiterhin die von Kurt angebotenen Retreats, strebte mit Liebe und Hingabe danach, meine Wahrnehmung der Vollkommenheit zu erweitern, und bemühte mich auch sonst, der Ausbildung meines Geistes und somit der Veredelung meiner Seele als

Schlüssel wahrhaftiger Befreiung größte Aufmerksamkeit zu schenken.

Doch so sehr mich die im Zuge dieser Beschäftigung erlangten Erkenntnisse auch faszinierten – stets schien mir für die Erfüllung meiner großen Sehnsucht nach Geistigem etwas Grundlegendes zu fehlen.

Dies änderte sich ein entscheidendes Stück, als Kurt bei seinem nächsten Retreat das inzwischen dritte Werk des *Arkanum der Astrologie* vorstellte.

Bei diesem handelt es sich nun um die ursächliche Betrachtung der wahren Bedeutung der Häuser und Achsen des Horoskops, die sich als die durch die Seele manifestierten Bindungen eines Geistes an die Grobstofflichkeit zeigen und einzig durch eine willentliche Meisterung zu überwinden sind. Aus diesem Grund eines der größten Hindernisse, führten die von Kurt wiederentdeckten Gegebenheiten geburtlicher Prägung alle bisherigen Annahmen über das Agieren des niederen Egos vollständig ad absurdum und offenbarten eine Stufe der Entwicklung, die sich – nahezu unermesslich in ihrer Tragweite – im Alltag eines normalen Lebens nur demjenigen erschließt, der sich praktisch damit auseinandersetzt.

Und sucht man auf einem ohnehin schon mehr als außergewöhnlichen Weg der Entwicklung nach

Bindungen, aus denen es sich zu befreien gilt, so ist die sich aus dieser ursächlichen Betrachtung ergebende Weisheit Maßstab jeglicher Praxis.

Der Aufstieg durch die Sphären

In der Beschäftigung mit geistigen Themen gibt es wohl kaum eine Begrifflichkeit, die häufiger missverstanden wird als diejenige der geistigen Entwicklung, ist sie es doch, die zu erkennen zu einer der größten Herausforderungen eines Weges werden kann.

Nimmt man sich dieser Aufgabe in der Praxis an, verändert sich relativ schnell der eigene Blick und man versteht, dass es sich bei einem Weg der Vollkommenheit wohl kaum um einen passiven Zustand unvermittelter Rettung durch einen Erlöser handeln kann oder gar um eines jener plötzlich auftretenden Erleuchtungserlebnisse, die auf wundersame Art und Weise den Weg für einen ebnen.

Ganz im Gegenteil sogar ist diese Entwicklung einzig einem geschulten Geist geschuldet, der nach klaren Vorgaben ausgebildet geistige Fähigkeit vervollkommnet. Einmal also diesen Weg eingeschlagen, lernt man die neu erlangten Fähigkeiten immer gezielter einzusetzen und verwirklicht über die Verinnerlichung der kosmischen Gesetze aller Sphären unseres Sonnensystems somit im eigenen Mikrokosmos jenes herausragende Bewusstsein Christusgleicher Existenz, das als eigentliches Ziel allen Strebens unmittelbaren Einblick in das universelle Wirken wahrhaftiger Göttlichkeit gewährt.

Und wieder einmal liegt es also allein an einem selbst sowie am eigenen Bemühen um Fortschritt, diesem Aufstieg des Bewusstseins durch die Sphären als Ausbildung geistiger Kraft höchste Priorität zu schenken und all denjenigen nicht zu glauben, die eine dadurch erlangte Verwirklichung eigener Göttlichkeit für unmöglich halten.

Nicht selten kommt es auf diesem wunderbaren und so segensreichen Weg aber trotzdem vor, dass man in seinem Bemühen um Fortschritt erneut über altbekannte Schwächen stolpert, sich selbst wieder einmal nicht in gewünschter Weise meistert oder träge der Disziplin entsagt.

In solchen Momenten strauchelt man dann und zweifelt, zeigen sich Anhaftungen an die Grobstofflichkeit doch hartnäckiger als angenommen. Einem nach Licht strebenden Geist steht dann das eigene an seelische und körperliche Gewohnheiten gebundene Ego gegenüber, das sich über jede Auseinandersetzung mit jenen Schwächen freut, die einmal erkannt und sich tief eingestanden keinerlei Beachtung mehr wert wären.

Und doch fällt es oft schwer, sich selbst nur in Gedanken von ihnen zu lösen.

In solchen Momenten erkennt man dann die wahre Größe all derjenigen Kräfte unserer Schöpfung, die, ohne dass man sich dessen bewusst gewesen wäre, jede dieser Bemühungen um Lösung segensreich zu unterstützen wissen. Manchmal dann hat man einen Traum, der vieles klärt, was zuvor noch unklar war.

Und ein solcher Traum ereignete sich bei mir.

Es war am zweiten Abend eines der Retreats bei Kurt, als ich irgendwann einschlief.

Wieder einmal wurde ich mir Meiner Selbst bewusst und stand plötzlich vor einem Mann, der nur als Meister bezeichnet werden kann. Er unterrichtete mich einige Minuten lang in Belangen geistiger Entwicklung, bevor wir auf die Problematik sich hartnäckig haltender Schwächen zu sprechen kamen, denen ich in ihrem wiederholten Auftreten oft nicht genug entgegenzusetzen hatte.

Offensichtlich wusste der Meister selbst sehr genau, wovon ich sprach, denn in seinen Aussagen klar und überlegt begann er zu erklären: Diese sich hartnäckig haltenden Lebensthemen seien jedem Menschen in irgendeiner Form eigen und vergingen im Laufe des Aufstiegs eines Bewusstseins durch die Sphären erst dann, wenn im Zuge der sich dadurch einstellenden Entwicklung irgendwann die Sonnensphäre erreicht sei. Davor müsse man lernen, mit ihnen zu leben und sie so gut es eben ging zu meistern.

Dem war von meiner Seite aus nichts hinzuzufügen, denn nun wusste ich, wohin mich mein Weg erst einmal führte.

Die planetaren Schlüssel der Befreiung

Seinen inzwischen drei Büchern des *Arkanum der Astrologie* fügte Kurt, nach einem weiteren Umzug in den Osten von München, sein letztes Werk dieser ursächlichen Wirkungskunde hinzu und vervollständigte somit das, was in meinen Augen der Revolution einer Geisteswissenschaft gleichkommt.

In diesem vierten Band ging es nun um die sogenannten astrologischen Aspekte, bei denen es sich auf Raum und Zeit bezogen um die unterschiedlichsten Beziehungen der Tierkreiszeichen und Planeten aus Sicht unserer Erde handelt.

Während nun diese Beziehungen der Mächte und Kräfte unseres Sonnensystems in der Raum- und Zeitlosigkeit geistiger Realität wahre Göttlichkeit verwirklichen, sind sie für einen an die Grobstofflichkeit gebundenen Geist subjektiv gegebene Unvereinbarkeiten einer einseitigen Befindlichkeit, die mit viel Engagement jegliche Entwicklung zu verhindern sucht.

Kurt nun hatte die für die Meisterung dieser Unvereinbarkeiten notwendigen Schlüssel der Aspekte in der von ihm vermittelten Form der Astrologie wiederentdeckt und lehrte diese in einem weiteren Retreat jeden, der sich in Vorbereitung eines Weges bewussten Aufstiegs durch die Sphären dafür interessierte.

Mich persönlich faszinierten diese astronomischastrologischen Wirkungsweisen sehr und mit großer Freude beschäftigte ich mich fast täglich mit den Übungen der planetaren Schlüssel sowie dem sich dahinter verbergenden Arkanum ursächlicher Astrologie.

Es dauerte nicht lange und erste Erfolge wurden sichtbar: Wo sich früher bei mir Planeten gegenseitig beschränkten, erkenne ich nun, wie genial sich ihre Kräfte ergänzen, ohne dabei an Individualität einzubüßen; wo mir bisher bei Tierkreiszeichen eher einmal der negative Ausdruck bewusst war, vervollständigt sich nun mein Blick auf die Vollkommenheit umfassender Perfektion; und wo ich vormals gerne einmal den Eindruck hatte, störende Einflüsse würden mein Leben unschön beeinträchtigen, erkenne ich nun die in den Transiten enthaltene Chance auf Entwicklung und ergreife sie gern.

Und auch wenn ich mir bewusst bin, dass sich in meinen Erzählungen die Superlative die Klinke in die Hand geben, so stellen diese planetaren Schlüssel der Aspekte in der Einfachheit der Anwendung und ihrer unfassbaren Wirksamkeit eine Möglichkeit wahrhaftiger Befreiung dar, die zum wohl hoffnungsfrohesten Lichtblick meines bisherigen Weges wurde.

Der unsterbliche Körper

Konnte ich mir aufgrund meiner unmittelbaren Erfahrungen mit den Gesetzen der Erdgürtelzone inzwischen ein immer besseres Bild von den Inhalten eines wahrhaft Göttlichen Bewusstseins machen, so stellte mich die Praxis der Entwicklung dieses Christusgleichen Zustandes auch weiterhin vor große Herausforderungen.

Vor allem der ursächliche Zusammenhang zwischen einer derart herausragenden Existenz und den dafür erforderlichen geistigen Fähigkeiten warf für mich stets neue Fragen auf, die jedoch bisher leider ohne Antwort geblieben waren.

Dies sollte sich sehr zu meiner Überraschung ändern, als es in einem weiteren Retreat von Kurt nun um die sogenannte Smaragdtafel des Hermes Trismegistos ging.

Als zunächst unscheinbar wirkender Text hatte diese Schrift die Jahrtausende überdauert und beschrieb in genialster Art und Weise den praktischen Zugang zu jenem sagenumwobenen Schöpfungsfeuer Göttlicher Schaffenskraft, welches das All gebärend aus Menschen vermochte Götter zu machen.

Kurt nun, in seiner unfassbaren geistigen Größe, war es wohl als erstem Meister der Neuzeit gelungen, dieser bedeutenden Schrift altägyptischer Herkunft ihren wahren Inhalt abzuringen und diesen jedem Interessierten in Form einfacher Übungen näherzubringen. Die unfassbare Tiefe, die dieser Aspekt von Kurts Lehre damit für mich trägt, ist mit Worten nicht zu beschreiben. Denn nun konfrontiert mit der alles erklärenden Entschlüsselung Göttlicher Schaffenskraft, schien meine jahrzehntelange Suche nach Verwirklichung endlich ihr Ziel gefunden zu haben.

Was sich durch die Unzulänglichkeit weltlicher Sprache in der Theorie unwirklich anhören mag, gestaltete sich in der Praxis meines Alltags als wahres Geschenk.

Ich erlebte Momente positivster Macht und grenzenlos wirkender Liebe.

Ich begann zu ahnen, was es wirklich bedeuten konnte, frei zu sein, und welch einzigartige Mög-

lichkeiten mir die Beherrschung dieses Schöpfungs-
feuers offenbarte.

Ich erblickte Wesen geistiger Hierarchie, die an
Erhabenheit, Liebe und Macht nicht zu beschreiben sind, und erhielt Einblicke in Göttliches Bewusstsein, von denen ich nicht einmal zu hoffen
gewagt hatte.

Und würde mich jemand fragen, was ich all die
Jahre so sehnlich gesucht hatte, es wäre die von
Kurt vermittelte Lehre wahrhaftiger Unsterblichkeit, die nach Jahrhunderten des Vergessens nur
größte Meister zu offenbaren wissen.

Meister Michael aus der Ordnung Melchisedek

Schon einige Mal nun habe ich von Unsterblichkeit
gesprochen und damit jenes sagenumwobene Thema berührt, das seit Jahrtausenden die Gemüter
bewegt. Und so natürlich sich dieser Begriff nach
all den Jahren meines Studiums für mich auch anhören mag, so weit entfernt und ungewöhnlich ist
er für all diejenigen, die nicht in den Genuss eines
solchen Weges kommen.

Aus diesem Grund ist es ganz besonders wichtig,
erst einmal zu erklären, was genau ich unter Unsterblichkeit verstehe und wie sich diese im Alltag
einem jeden zeigt. Unsterblichkeit ist nicht, wie so

oft vermutet, ein Zustand grobstofflicher Konservierung, in dem der physische Körper jenseits jeglicher Alterung sozusagen als Abbild einer Idealvorstellung dauerhaft erhalten bleibt.

Ganz im Gegenteil sogar ist es einzig der natürliche Ausdruck einer bestimmten Stufe geistiger Entwicklung, bei der sich das Selbst ausschließlich mit *den* Inhalten des eigenen Bewusstseins identifiziert, die zeit- und raumlos keinerlei Vergänglichkeit mehr unterworfen sind.

Und verstehen andere unter Unsterblichkeit einen Sieg über den Tod des physischen Körpers im Sinne einer Umgehung desselben, so ist sie für mich das dauerhafte Aufrechterhalten eigener Individualität, die jede Geburt und jedes Sterben als natürliche Stufe selbstgewählter Entwicklung erlebt und dabei weder die Erinnerung noch das Bewusstsein verliert.

Und fragt man sich im Anschluss daran, welche Aspekte geistiger Realität man zur Erlangung dieser Unsterblichkeit meistern muss, so landet man erneut bei den von Kurt und Franz Bardon beschriebenen Gesetzen der unterschiedlichen Sphären unseres Sonnensystems, die man in Form gezielter Meditation und Übung sozusagen als einzelne Zellen eines unsterblichen Geist-Seele-Körpers in sich selbst zu verwirklichen hat.

Und schaut man sich diese einzelnen Zellen dann etwas genauer an, so stellt man fest, dass sie aus reinstem Licht bestehen, das unendlich fein und doch unsagbar mächtig als kristalline Strukturen dem eigenen Sein Halt geben. Und mit jedem Gesetz, das man meditativ als eine dieser Lichtzellen in sich verwirklicht, weitet sich gleichzeitig auch das Bewusstsein.

Und genau diesen unsterblichen Körper zu bilden – das ist die Lehre aller Meister der Ordnung Melchisedek, zu denen auch Kurt gehört.

Und geht man diesen Weg der Ausweitung des Bewusstseins konsequent und unnachgiebig weiter, so erreicht man irgendwann die Stufe, bei der die Gesetze unseres Sonnensystems ausreichend verinnerlicht wurden und der aus den einzelnen Zellen bestehende Lichtkörper einen solch großen Magnetismus entwickelt, dass sich das Bewusstsein zur Aufrechterhaltung eigener Individualität nicht länger an einen grobstofflichen Körper binden muss, sondern sich mit den Gesetzen des Universums selbst identifiziert.

Das ist der Moment, in dem man sich selbst als Licht erkennt und von einem Menschen zu einem Sohn Gottes wird. Dann ist man Göttliches Bewusstsein, das als Kind des Göttlichen Vaters und der Göttlichen Mutter wiedergeboren wurde.

Und wie das bei jeder Geburt nun einmal so ist, erhält man auch bei dieser kosmischen einen neuen Namen, dieses Mal jedoch von seinen wahren Eltern, also dem Universum selbst sowie dem darin herrschenden Geist, und nimmt nach Jahren härtester Entwicklung endlich diesen einen besonderen Platz in der Schöpfung ein, der schon immer für einen bestimmt war.

Und so wundersam es vielleicht klingt: genau dies ereignete sich nun bei Kurt.

Bereits seit Monaten hatte ich bemerkt, wie sehr er sich verändert hatte und (fern jeder Beschreibbarkeit) inzwischen eine Größe und Erhabenheit ausstrahlte, die ebenso unermesslich und grenzenlos wie das Universum selbst erschien.

Bei einem meiner Besuche blickte er mich dann an und fragte, ob ich bereit sei, etwas Großes zu erfahren.

Natürlich war ich es, und so erzählte er von seinem Erlebnis mit einem Avatar, also einem als Person manifestierenden Aspekt der Göttlichkeit, der ihm vor wenigen Tagen genau jenen besonderen Namen mitgeteilt habe, der seinem Göttlichen Sein entspräche.

Es entstand eine Pause.

Dann sagte er: „Mein wahrer Name ist Michael. Und ich kann Dich genau diesen einen besonderen

Weg der Errichtung des unsterblichen Körpers lehren, den ich selbst gegangen bin."

Unfassbare Liebe überwältigte mich – und tut dies noch heute.

Denn er war es, der vollbrachte, was mir bis dahin unmöglich erschienen war, und bewies, dass man selbst zu Lebzeiten das Göttliche in sich verwirklichen kann.

Plötzlich sah ich alle Planeten unseres Sonnensystems hinter ihm stehen und das ganze Universum selbst.

Und so erfüllte mich große Ehrfurcht angesichts eines Meisters, der als normaler Mensch aufbrach, Gott in sich zu finden, und dies dann auch wirklich tat.

Und auch wenn ich die unfassbare Gnade, die mir durch Meister Michael und Sein Wirken auf dieser Welt zuteil wird, wohl kaum werde zurückgeben können, so hoffe ich doch stets, mich ihrer würdig zu erweisen.

Was in meinem Inneren bleibt, sind unendliche Dankbarkeit und Staunen ob der Wahrheit, die sich mir offenbarte.

Epilog

Vor Jahren war ich ausgezogen, das Glück zu finden, und was ich fand, war Unsterblichkeit.

Vorbei sind die Zeiten, in denen ich annahm, vom Schicksal vergessen worden zu sein, denn wer wie ich das Licht gesehen hat, für den gibt es nichts zu fürchten.

Ich habe das unfassbare Glück, mit Meister Michael meinen wahrhaften Lehrer gefunden zu haben, dem nachzueifern das größte Abenteuer meines Lebens ist.

Ich liebe meinen geistigen Weg, die Schöpfung mit all ihren Wesen sowie jene letzte und universelle Wahrheit allumfassenden Bewusstseins, nach der zu streben das Größte ist, was ein Mensch zu vollbringen vermag.

Und müsste ich erklären, worauf es bei einem Weg wie dem meinen ankommt, ich würde Folgendes sagen:

⊙ Glaube an den *einen* Ursprung allen Seins, denn es gibt ihn wirklich.

⊙ Gebe in Deiner Suche nach Wahrheit niemals auf – denn egal, was es Dich kostet, es ist jede noch so große Entbehrung wert.

- ⊙ Suche stets das Licht, doch unterschätze niemals die Dunkelheit.

- ⊙ Glaube niemals daran, dass irgendetwas unmöglich ist, sondern mache Dich auf, es selbst herauszufinden.

- ⊙ Verliere niemals Dein Lachen, denn manchmal ist es das einzige Licht, das zu erzeugen Du in der Lage sein wirst.

- ⊙ Werde Schüler eines wahren Meisters, denn er alleine ist es, der Dir den Weg zur Vollkommenheit weist.

Bibliographie

Meister Michael (www.melchisedek.info)

Walchensteiner, Kurt: *Das Arkanum der Astrologie.* Die Planeten, Norderstedt 2015, ISBN 978-3-7347-7512-3

Walchensteiner, Kurt: *Das Arkanum der Astrologie.* Die Tierkreiszeichen, Norderstedt 2015, ISBN 978-3-7386-5021-1

Walchensteiner, Kurt: *Das Arkanum der Astrologie.* Die Häuser, Norderstedt 2016, ISBN 978-3-7431-0114-2

Walchensteiner, Kurt: *Das Arkanum der Astrologie.* Die Aspekte, Norderstedt 2017, ISBN 978-3-7431-9156-3

Walchensteiner, Kurt: *Botschaften und Weisheiten von geistigen Wesenheiten der kosmischen Hierarchie.* Norderstedt 2013, ISBN 978-3-8730-4443-0

Weitere Schriften

Bardon, Franz: *Der Weg zum wahren Adepten.* Wuppertal 2001, ISBN 978-3-9213-3830-8

Bardon, Franz: *Die Praxis der magischen Evokation.* Wuppertal 2002, ISBN 978-3-9213-3831-5

Bardon, Franz: *Der Schlüssel zur wahren Kabbalah.* Wuppertal 1977, ISBN 978-3-9213-3827-8

Wilhelm, Richard (Übers.): *I Ging.* Das Buch der Wandlungen, München 2013, ISBN 978-3-4233-4236-0

Meister Michael

Das Geheimnis der Smaragd-Tafel des Hermes Trismegistos

Kurt Walchensteiner

Das Geheimnis der
Smaragd-Tafel des
Hermes Trismegistos

Dieses Buch weiht den Leser in die wahre Bedeutung einer der geheimnisvollsten Schriften der Menschheit ein. Neben dem bekannten Analogiegesetz, das was, oben ist, ist wie das, was unten ist, enthält die Smaragd-Tafel je nach Betrachtung 15 bis 19 weitere universale Gesetze. Gleichzeitig ist das Buch eine wertvolle Orientierung in Verbindung mit der Suche nach einem geistigen Weg. Jedes Gesetz der Smaragd-Tafel beschreibt die Entwicklung der Seele und des Geistes des Menschen.

Der Leser erfährt die eigentliche Bedeutung des unsterblichen Geistes und der Kundalini und kann nachvollziehen, in welcher Weise sich beide im Lichtkörper vereinigen. Im alten Ägypten wurde der Lichtkörper Mer Ka Ba genannt. Der Autor übersetzt die Lehre des Mer Ka Ba, welche Hermes Trismegistos im Text der Smaragd-Tafel bewahrt hat, in die heutige Sprache.

ISBN: 978-3-7460-1051-9, 284 Seiten, Hardcover, Verlag: Books on Demand, 2017, Preis: 24,99 €

Das Arkanum der Astrologie
Gesamtausgabe

In diesem Werk, Das Arkanum der Astrologie, wird der Leser
in die höchste Bedeutung der Astrologie eingeweiht. Jeder
nach Wahrheit Strebende erfährt die geistige und die sich
daraus ergebende physische Ordnung des Sonnensystems und
die Einbindung des Menschen in das Universum. Die in diesem Buch offenbarten astrologischen Gesetze erklären und
bilden die Verbindung zwischen dem Makrokosmos Universum und dem Mikrokosmos Mensch. Der Leser erfährt die
ursächliche Bedeutung unseres Sonnensystems als Struktur
für den Weg des Aufstiegs des Geistes.

Dieses Wissen hat seinen Ursprung im alten Ägypten. Die
Astrologie ist eine Wissenschaft der Hermetik und wurde von
Hermes Trismegistos begründet.

**ISBN: 978-3-7460-2891-0, 700 Seiten, Hardcover, Verlag: Books
On Demand, 2017, Preis: 69,99 €**

Das Arkanum der Astrologie
Band 1: Die Planeten

Dieses Buch offenbart die der Astrologie zu Grunde liegenden metaphysikalischen Gesetze. Der Leser kommt in Verbindung mit der Lehre der Eingeweihten. Es enthüllen sich
ihm die wahre Bedeutung der Planeten und die grundlegen-
den Gesetze der Schöpfung. Für jeden Wahrheitssuchenden
ist dieses Buch eine Perle der Weisheit. Für den Astrologen
bedeutet der Inhalt des Buches eine Einweihung in die Gesetzmäßigkeiten der Ursachen und Wirkungen der Planeten.

ISBN: 978-3-7347-7512-3, 312 Seiten, Taschenbuch, Verlag:
Books On Demand, 2015, Preis: 14,99 €

Das Arkanum der Astrologie
Band 2: Die Tierkreiszeichen

Eines der größten Mysterien der Astrologie und daher auch der Hermetik ist heute das Wissen um die Ursache der 12 Tierkreiszeichen. So bekannt ihre Namen sind, so unbekannt sind die Gesetzmäßigkeiten, warum es sie überhaupt gibt und woher sie kommen.

Der Leser erfährt, in welcher Weise die Tierkreiszeichen entstanden sind, wie sie in den Jahreskreis eingebunden sind, die Bedeutung der Symbole und Bilder der Tierkreiszeichen. Astrologie bedeutet das Wissen um die Einflüsse des Universums. Meister Michael (Kurt Walchensteiner) vermittelt in seinen Büchern das höchste den Menschen bisher zugängliche Wissen in der Astrologie.

Er entschlüsselt die Einflüsse der Planeten und Tierkreiszeichen für die Bildung des Lichtkörpers. Es ist ein uraltes Wissen, welches im alten Ägypten über die Merkaba erklärt wurde.

ISBN: 978-3-7386-5021-1, 312 Seiten, Taschenbuch, Verlag: Books On Demand, 2015, Preis: 17,99 €

Das Arkanum der Astrologie
Band 3: Die Häuser

Es gehört zu den großen Geheimnissen der Einweihungslehre, in welcher Weise die Seele und der Geist des Menschen in der grobstofflichen Materie gebunden sind. Im dritten Band der Reihe, Das Arkanum der Astrologie, über die astrologischen Häuser enthüllt der Autor diese Mysterien. Gleichzeitig beschreibt er die eigentliche Bedeutung der Häuser im Sinne der Einweihungslehre und der Hermetik. Der Leser erfährt die wahre Bedeutung von Licht und Dunkelheit und was es bedeutet, aus dem niederen Ego zu agieren. Einer der wesentlichen Schritte für eine Befreiung des Geistes ist das Wissen um die Bindung des Geistes. Dieses Wissen wurde in der heutigen Zeit vor diesem Buch noch niemals offenbart.

ISBN: 978-3-7431-0114-2, 248 Seiten, Taschenbuch, Verlag: Books on Demand, 2016, Preis: 16,99 €

Das Arkanum der Astrologie
Band 4: Die Aspekte

Im vierten und letzten Band der Einweihung in das Arkanum
der Astrologie offenbart Meister Michael (Kurt Walchensteiner) die Gesetze der astrologischen Aspekte. Dieses Wissen
eröffnet dem Leser die Weisheit der Kräfte und Mächte des
Sonnensystems und des Lebens auf der Erde. Die Erde ist
eine Schule der seelisch-geistigen Entwicklung und die Aspekte definieren die Aufgaben für jeden Menschen. Wer die planetaren Schlüssel der Meisterung der Aspekte kennt, be-
kommt einen Zugang zu den Geheimnissen der universalen
Gesetze. Auch dieses Wissen wurde vorher nicht veröffent-
licht und ist der heutigen Astrologie völlig unbekannt.

**ISBN: 978-3-7431-9156-3, 344 Seiten, Taschenbuch, Verlag:
Books on Demand, 2017, Preis: 19,99 €**

Botschaften und Weisheiten von geistigen Wesenheiten der kosmischen Hierarchien

Dieses Buch ist in Verbindung mit 100 Intelligenzen, Ur-Intelligenzen, Vorstehern und Genien geschrieben worden. Sie sind die geistigen Wesenheiten der kosmischen Hierarchien. Jedes Kapitel birgt die Botschaft und Weisheit einer Intelligenz in sich. Sie alle erklären die Einbindung des Menschen in den Kosmos. Die Macht, die Liebe und die Weisheit, welche zu erfahren und zu verinnerlichen dem Menschen möglich ist, ist unbeschreiblich. In Verbindung mit einer Intelligenz zu kommen bedeutet, einen Blick in die Werkstatt der Göttlichen Vorsehung zu werfen. Plötzlich erkennt man, warum dieser Lebensbereich so geordnet ist, wie er es ist. Die Erfahrung einer Weisheit gleicht einer Durchlichtung der Seele und des Geistes. Meister Michael (Kurt Walchensteiner) beschreibt in diesem Buch das Wirken vieler Intelligenzen und Genien der Erdgürtelzone, Mond- und Merkursphäre.

ISBN: 978-3-8370-4443-0, 236 Seiten, Hardcover, Verlag: Books on Demand, 2016, Preis: 21,99 €

Als mir mein geliebter Meister erschien
Eine spirituelle Biographie
Petra Lucke

In ihrer spirituellen Biografie erzählt die Autorin von ihrer lebenslangen intensiven Suche nach einem wahrhaftigen Meister, der um die geheimnisvollen Dinge zwischen Himmel und Erde weiß. Nach einer Reihe von bedeutungsvollen und mystischen Erlebnissen trifft sie einen faszinierenden Mann mit wundersamen Fähigkeiten. Eine Begegnung, die ihr Weltbild komplett auf den Kopf stellt und ihr Leben tiefgreifend verändert.

Eine wahre Geschichte, die Mut macht, den eigenen geistigen Weg zu gehen, sich für höhere Wahrheiten zu öffnen und den Sinn des Lebens zu entdecken.

ISBN: 978-3-7448-0985-6, 200 Seiten, Hardcover, Verlag: Books on Demand, 2017, Preis Buch: 17,99 €, Preis eBook: 8,99 €